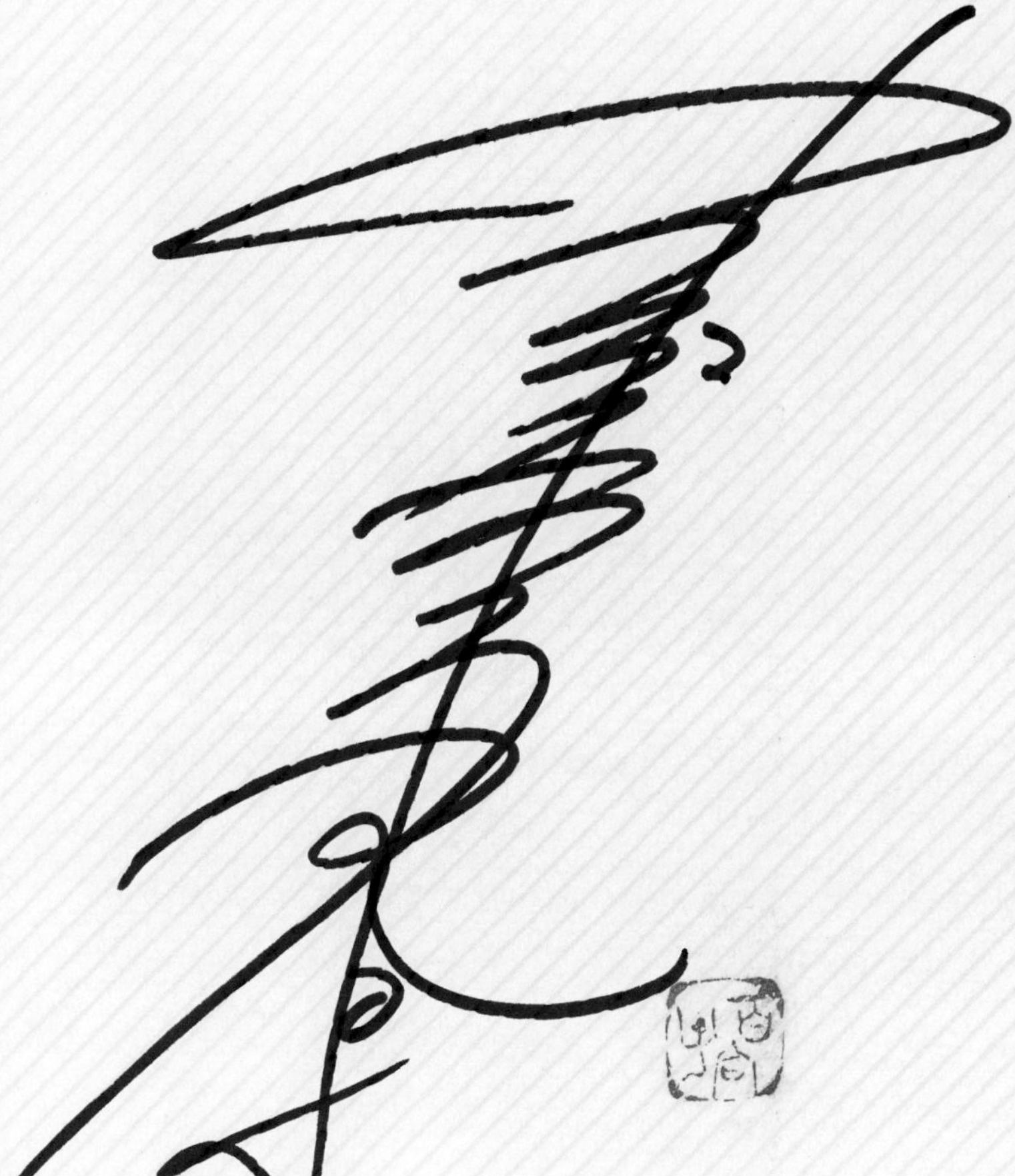

嫌な感情の愛し方

心理カウンセラー
宇佐美百合子
Usami Yuriko

sanctuary books

嫌な感情の愛し方

はじめに

何か気に入らないことがあると、私たちは瞬間的に〝嫌な感情〟に取り込まれてしまうのはどうしてなのでしょうか。

怒り、妬み、不安、恐れ、劣等感、無力感、罪悪感、無価値感……など、イヤな感情を数えあげたらキリがありません。どれもこれも、思い浮かべるだけで胸が苦しくなるものばかりですよね。

「こんなイヤな感情なんて、心になければいいのに！」と思ったことはありませんか？だからといって、なくそうとして悪戦苦闘すれば、ヘトヘトになって自己嫌悪に陥るのがオチです。そして、いつのまにかまわりから孤立して「だれも私の気持ちをわかってくれない」と感じるようになるでしょう。

もし、あなたがそんな状態に置かれているとしたら、その心の痛みをやわらげるお手伝いをさせてください。

でも、とくべつ不幸なことだと思いつめたり、自分の性格が悪いからだと責めたりしなくていいんですよ。これはだれにでも起こりうることです。

そして、これはあなたが変わっていくチャンスでもあります。

無理せず、自然に、人と触れ合うことが楽しくなって、心と心をつないで生きていけるように、自分を知るチャンスなのです。

この本のタイトルは『嫌な感情の愛し方』です。「嫌な感情のなくし方」でも「消し方」でもありません。

なぜなら、心のなかからイヤな感情をなくしてしまうことはできないから。

けれど、気にならなくする方法はいくつかあります。

イヤな感情もあなたの貴重な一部分なのです。だから「なくなれ!」と思わず、存在を認めて受け入れるとうまくいきます。

たとえば胃が痛いとき、あなたは痛みに抵抗しますか? むしろ、胃をかばいながら痛みを和らげ、原因を探るでしょう。

心も、同じように扱ってほしいと願っています。

心が痛んだときは抵抗しないで。見て見ない振りもしないで。素直に傷ついたことを認めて手当てしましょう。それから原因を探ることがとても重要なのです。

どんな現象にもすべて原因があります。自分がどうしてイヤな感情に取り込まれるのかを理解できて、はじめて自分を愛せるようになるんですね。

自分のことがよくわからない……。そのままでは、ほかの人に自分をわかってもらうことはできません。

自分の気持ちを知り、感じていることをきちんと伝えられるようになりましょう。そのためにこの本を書きました。

自分の感情を「知る」「整える」「伝える」という三つのチャプターに分けて、それぞれの視点からわかりやすく解説しています。

さあ、心を解き放ってあなたの願いを叶えましょう。

宇佐美百合子

嫌な感情の愛し方

CONTENTS

CHAPTER 1

自分の感情を知る

嫌な感情を受け入れる

CHAPTER 2

自分の感情を整える

10の心の痛みを解放する

CHAPTER 3

自分の感情を伝える

選んだ感情が「自分」をつくる

嫌な感情を受け入れる

CHAPTER

1

自分の感情を知る

Chapter:1

1

本当の気持ちのありか

あなたはどのくらい自分のことを知っていますか？

「突然そんなことを言われても……」と首をかしげてしまうかもしれませんね。

では、身長、体重、生年月日といった数字で書き表せるものや、髪型、服装、歩き方といった目で見えるものが、あなたの正体を語っていると思いますか？

違いますよね。背の高さや髪の長さ、服装のセンスや歩き方は、あなたの正体とはなんら関係ありません。

あなたが「何を感じ、何を考え、どんな未来を想像するか」……そこに〝あなた〟が現れるのです。

もし、**しょっちゅうイヤな感情に振り回されて「イヤな感情なんかなくなってしまえばいい」と考えているとしたら、自分のことをよく知らない証拠**です。

自分のことをよく知れば、イヤな感情を味方につけてひと回りもふた回りも成長できるので、それが楽しみになり、もう幸せな未来しか想像しなくなりますよ。

〝想像〟することは、〝創造〟することのはじまりです。

「自分を知って、幸せな未来を創造する」これを目標にしましょう。

今はとりあえず三つのことを覚えておいてください。

- **イヤな感情は悪者ではない。**
- **イヤな感情をなくそうとせず、味方につける。**
- **イヤな感情を恐れなくなると、人間関係がラクになる。**

イヤな感情は悪者ではありません。必要だからだれの心にもあるのです。

ところが、イヤな感情がわき上がると心が痛むので、私たちは痛みから逃れたくて目を反らし、味方につける機会を逃してしまうんですね。

あなたがこれまでに味わった痛みも、これから味わう痛みも、自分の正体を知るためには欠かせない材料なのです。

たとえば、あなたはこれに近い体験をしたことがあるでしょうか。

**イヤな感情から逃げようとすればするほど、
ふり回されて心がしんどくなる。**

「この人は信頼できる。私のことをわかってくれている」と思っていた人が、じつは全然違ったと気づいて、ショックで心のフタがパタンと閉じてしまった……。

私はそれを体験したとき、無性に悲しくなって口を閉ざして抵抗しました。

そのうち悔しさが込み上げてきて、思わず相手を責めて怒らせてしまいました。本当はそんなこと、少しもしたくなかったのに——。

もしあなたにも心当たりがあったら、そのとき味わったイヤな感情を思い出してみてください。

一番わかってほしかったのはどんな気持ちだったのでしょうか……。

時間が経ってもいまだに痛みを感じるのはどうしてなのでしょうか……。

イヤな感情は誰にでもあるもの。
味方につければ、心がラクになる。

その痛みの陰に、あなたの本当の気持ちは隠れています。

ときどき自分のことがわからなくなるのは、**イヤな感情がわくと自動的に心のフタが閉じて〝本心〟を封じ込んでしまう**からなのです。

イヤな感情をもっているのは、あなただけではありません。だれの心にでもあるものです。

Chapter:1

2

「わかってもらえない」のはなぜ？

『イヤな感情なんてなくなればいい』と思っていると、かえって心が疲れてしまう」「イヤな感情を恐れなくなると、人間関係がラクになる」と書きました。

でも、あなたは心のなかで「イヤな感情があるせいで人間関係がこじれる。イヤな感情さえなければ、人間関係はうまくいくのに……」そんなふうに思っているかもしれませんね。

イヤな感情を嫌ってなくしてしまおうとすると、心にはどんなことが起きるのでしょうか。

あなたは、生まれてからずっとまわりの人とかかわって生きています。

そんななかで、「だれも私の気持ちをわかってくれない」と感じたことはありませんか？

「これほどつらい想いをしていることを、だれも少しもわかってくれない！」

そうした不満の陰には、必ず**「本心をさらけ出せない」苦しみ**が隠れているんですよ。イヤな感情をなくそうとすれば、この苦しみがついてまわるようになるのです。

以前の私はこの苦しみにもだえたひとりでした。

「もっと人とつながって生きていきたいのに、自分はなぜ本心をさらけ出せないのか。いったい何を考えているのか……」と悩んで胸中を探るうち、矛盾する〝三つの感情〟が混在していることに気がつきました。

①本心をさらけ出して嫌われるのが怖い
②何も言わなくても気持ちを察してほしい
③自分でも自分の本当の気持ちがつかめない

あなたの心にも同じ感情が潜んでいませんか？

この**三つの感情を生み出しているものは、〝イヤな感情への抵抗〟**なのです。

①は「イヤな感情を隠そう」②は「イヤな感情を避けよう」③は「イヤな感情を見

3つの感情

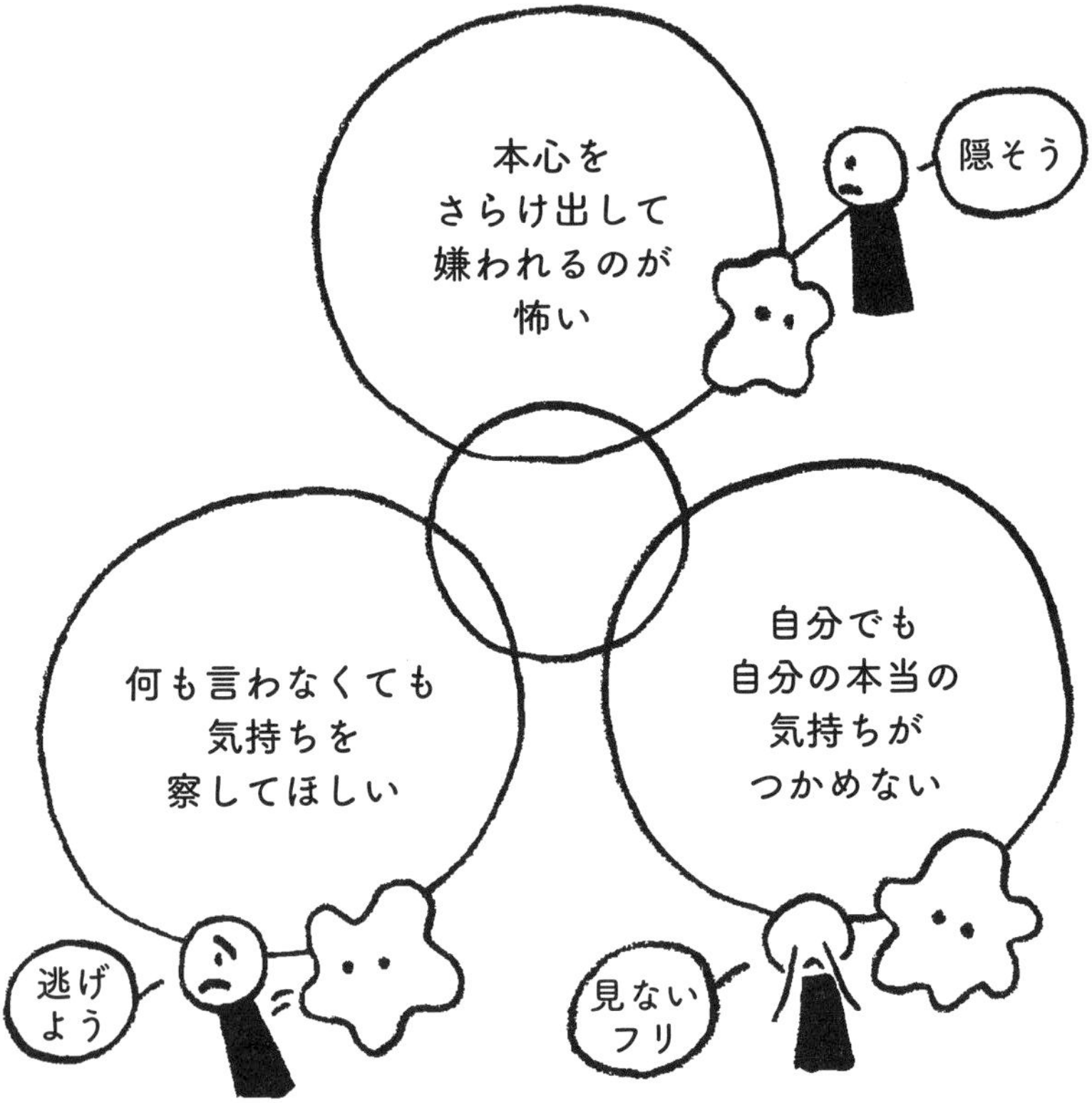
本心を
さらけ出して
嫌われるのが
怖い
隠そう
何も言わなくても
気持ちを
察してほしい
逃げよう
自分でも
自分の本当の
気持ちが
つかめない
見ないフリ

ないようにしよう」という気持ちです。

「イヤな感情を隠そう」とするのは、本心をさらけ出したらイヤな人だと思われて嫌われてしまうと恐れるから。「イヤな感情を避けよう」とするのは、イヤな部分には触れないで私の気持ちを察してほしいという甘えがあるから。「イヤな感情を見ないようにしよう」とするのは、イヤな感情と向き合って自己嫌悪に陥るのを防ごうとするから。

これほどまでに、**イヤな感情には心を操作する力があるん**ですね。だから逆に、イヤな感情の存在を認めて受け入れると「わかってもらえない」という痛みを癒すことができるのです。

それでは、詳しく3つの感情を見ていきましょう。

人間関係がしんどいのは、イヤな感情があるからでなく、イヤな感情をなくそうとするからなのです。

Chapter:1

3

本心をさらけ出して嫌われるのが怖い

私は長年、こう思っていました。

「自分をわかってほしいのはやまやまだけど、本心をさらけ出すなんて恐ろしくてできない。心の奥には、醜い感情やめめしい考えがいっぱいあるから、もしそれを見せたら嫌われるに違いない。それだけは避けたい……」

それで悶々と悩んだ経験者だからこそ、あえてあなたに提言したいのです。

「本当の気持ちをごまかして自分に嫌悪感を覚えるくらいなら、一度、思い切って本心をさらけ出してみたら？　もっと親しくなれるかもしれないよ」って。

あなたが好きな人にわかってもらいたい自分は「体裁のいい自分」だけでしょうか。

本当は「見苦しい自分」や「情けない自分」もわかってほしい。むしろ、**すべてを知った上で自分を好きでいてほしいと願っているのではありませんか？**

それはそうだけど、本心をさらけ出す勇気がどうしてもわいてこないというあなたに、〝みんなの秘密〟を打ち明けましょう。

「見苦しい自分」や「情けない自分」は、みんな一緒なんですよ。

たとえば「できる人をやっかむ」「できない自分をいじめる」「見栄を張る」「いじける」「すねる」……**そんな自分を「ああ、見苦しい。イヤだな」と感じるのは、あなたひとりではない**ということ。

だれもが自分の感情に悩み、なんとかしてその感情と折り合いをつけて〝何事もなかったような顔〟をして暮らしているのです。

だから、もしあなたからイヤな感情をさらけ出したら、きっと親近感を覚えるでしょう。

ただしそのときは、**イヤな感情を相手にぶつけるのではなく、それに手を焼いている気持ちを語るように**してくださいね。

私は学生時代、イヤな感情を抱えきれなくなって相手に打ち明けたことがあります。

「美人でモテるあなたが羨ましくて……でも、妬んでいると思われたくないから強がってたの。ツンケンしててごめんね」

見苦しい自分、
情けない自分を隠したい

失敗談や弱点は、
愛嬌・チャームポイントになる

その子は一瞬おどろいた顔をしましたが、たちまち表情を崩してこう言ったのです。

「じつは私も妬いてたの。ユリはイジイジした性格の私と違って、いつも明るくて威勢がいいから」

ふたりは顔を見合わせて笑い、それ以来、心の垣根がはずれてぐっと親しくなりました。でも、もしもあのとき「あなたはモテていいわね」と体裁のいいことしか言わなかったら、心の垣根は相変わらず高くそびえたままだったでしょう。

「本心をさらけ出したら嫌われてしまう」と思うのは誤りです。

とくに自分の失敗談や弱点を打ち明ければ、以前よりもぐっと親しくなれますよ。

「見苦しい自分」や「情けない自分」はみんな一緒。それを信じれば、きっと勇気がわくでしょう。


弱点や欠点、失敗談を最初に伝えておくと、お互いハードルが下がり、自分も相手も気持ちが楽になりますよ。

Chapter:1

4

何も言わなくても気持ちを察してほしい

私たちはまわりに気を遣って疲れてくると、「こんなしんどい想いをしていることをみんな、少しはわかってよ」と不満を抱きます。

これは、家族、恋人、親友といったかなり**親しい間柄の人に抱きやすい感情**です。

「ひとつ屋根の下に暮らしているんだから、娘の気持ちぐらい察してよ」

「私とあなたは似た者同士だから、きっと同じ気持ちに違いない」

「長い付き合いの友だちなんだから、いちいち説明しなくてもわかるはず」

そんなふうに感じたことはありませんか？

親しさに甘えて、自分の気持ちをきちんと伝えなかったり、逆に、自分からやさしい言葉をかけるべきときに「気持ちは通じているはず」と省いたことがなかったでしょうか。

とくに**イヤな感情にまつわることは、できれば避けたいと思ってしまい、口にはし**

ないままで、でもわかってほしいと思いがち。

どんなに親しい間柄でも、心はひとりひとり別々です。しかも**感情は、その瞬間のもの**。普段からきちんと気持ちを伝えていればこそ、いざというときに何も言わなくてもわかってもらえるのです。

私は、かつて付き合っていた人と言い争いになったとき、そのことを痛感しました。何かで行き違ったときに「オレの気持ちぐらい察しろよ」と言われてカチンときて、「伝えてくれなかったら心の中なんてわかるわけないでしょ！」と反論して喧嘩になりました。

怒りが収まってから「はたして自分は、まめに気持ちを伝えているだろうか……？」と振り返ると、似たり寄ったり。私にも「恋人なら、いちいち言わなくても察してほしい」という甘えがあったのです。

あなたにとって親しい人たちは、あなたがもっとも大切にしたい人たちのはず。たまたま「何も言わなくても通じ合ってた！」と喜びに浸ることはあっても、「いつで

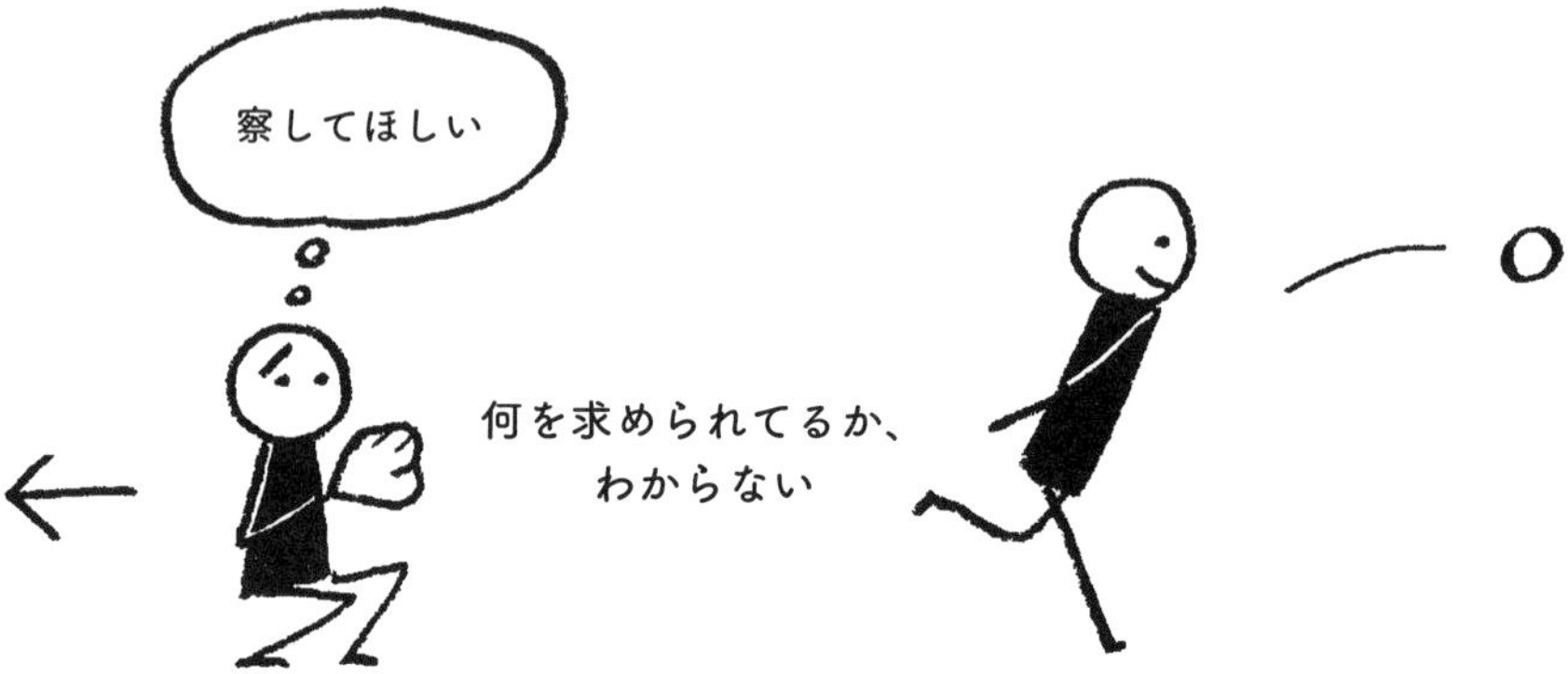

も、黙っていても察してほしい」と期待することはやめましょう。

むしろ、親しい人たちは、それがイヤな感情だったとしても、あなたが本当の気持ちを語ってくれることをいつでも待っていますよ。

また、これは親しい間柄に限らず言えることなのですが、相手の立場や気持ちを考え過ぎて、こうしてほしいと願い出ることを遠慮したり、**わかってほしい感情をはぐらかしたりしないほうが、本来は、スムーズなコミュニケーションが取れる**のです。

びくびくしないで、単刀直入に自分の気持ちを伝える勇気を持ちましょう。

あなたが**素直に本心を語ることは、けして図々しいことでも無遠慮なことでもありません。**むしろ、それは相

ここに！
ストレートに伝えれば、
きちんとわかる

手に**「本当はどうしてほしいんだろう？」と余計な気遣いをさせない〝思いやり〟**なのです。

どんなに親しくても、心はひとりひとり別々であることを、忘れないでくださいね。

Chapter:1

5

自分でも自分の本当の気持ちがつかめない

心にいろいろな感情が浮かんでは消え、考えれば考えるほどわからなくなって「いったいどれが自分の本当の気持ちなんだろう……」と戸惑ったことはありませんか？

本当の気持ちがあいまいなことも、どれかひとつに絞り込めないことも、あって当たり前。もしかすると、**本当の気持ちは別の感情におおわれているかもしれないし、どっちつかずが今の本当の気持ち、ということもある**のです。

たとえば、「好き」と「嫌い」が心の中で同居しているとします。そこでどちらかに決めなくてはいけないと思うと、頭が混乱して気持ちがつかめなくなります。

そんなときは、**両方あるのが今の自分**。もっというと、両方あるのは、今はあえてひとつに決めたくないと思っているからなんですね。

そんな**混沌とした心の中から自分が選び取ったものが、自分の本心**なのです。

そういう私も、会社勤めをしていたときは、本心がはっきりしなくてよく迷いました。たとえば、食事に誘われたときです。相手に好意を持っていたら二つ返事でＯＫするのですが、それほどでもないと「ほかにだれが行くのかな」とか「行きたいお店ならいいけど」とウダウダ考えて返事につまることがありました。

私が「ほかのメンバーは？」「どこのお店ですか？」と聞けずにいたのは、「誘ってくれたあなたには興味がない」と受け取られはしないかと余計な心配をしたからなんですね。

結局、成り行きで出かけ、「こなければよかった」と悔やんだこともありました。

自分の気持ちがあいまいだと、返事に窮して場当たり的に答え、あとで後悔することにもなりかねません。

「場当たり的に答える習慣をどうやったらなくせるだろう」と考えて私が出した結論は、「あいまいだろうが、矛盾していようが、そのままを正直に伝える」でした。

気になることは素直に尋ねて、その上で「迷って決められない」と言えば、それは正直な答えだから相手も悪い気はしないでしょう。

YES か NO か、好きか嫌いか、
どれが自分の気持ちかわからない

◯も×も△も、全部あるのが今の気持ち
その状態をありのままに伝えてもいい

どうしても「決められない」とか「決めたくない」ときには、その気持ちをそのまま伝えて、あとは〝縁にしたがう〟というのも一案なのです。

それは、**ただ流されるのとは違って、意志を持って縁にしたがうという〝もうひとつの選択〟**だからです。

人生には、「言うの、言わないの、どっち?」「やるの、やらないの、どっち?」と選択を迫られる場面が数多くあります。日ごろから「本心はさまざまな想いの中から自分が選び取るもの」と肝に銘じておけば、「YES／NO」を迷ったときにも返事に困りませんよ。

言い方を変えれば、**何を選び取るかによって、自分は何をしたいのか、どの方向に進みたいのかを決めることができる**のです。

すべてが混ざり合っているのが感情。本心は、あなたがそこから選びとるものです。

Chapter:1

6

イヤな感情に目を向けよう

正直に感情を見せたら、バカにされて笑われた……。

素直に気持ちを伝えたのに、あっさり無視された……。

そんなことがあって**心に深い傷を負うと、だれだって「二度と同じ目には遭いたくない」と思います。**

すると――、

そのとき味わったイヤな感情から逃れたい一心で、それを〝気づかない感情〟として封印してしまうのです。そして、そんなイヤな感情なんて心のどこにもないような素振りをするんですね。

ところが、そのまま**イヤな感情を押し殺してしまうとまずいことになります。心が迷路にはまり込んで、前に進めなくなってしまう**のです。

多くの人が生きづらさを感じる原因は、じつはここにあるのです。

〝気づかない感情〞を放置しておいてはいけない理由は2つあります。

1つ目は、**自分を理解できなくなる**から。

たとえば、自分はどうしてこの手の人が苦手なのか、どうしてはっきりものを言えないのかなど、自分が不本意な態度を取る理由がわからなくて、その現象にずっと振り回されるでしょう。

2つ目は、**人から誤解されるリスクが高まる**から。

〝気づかない感情〞を何かで刺激されると、わけもなく（はた目にはそう見えます）イライラして人に当たったり、また落ち込んだりするので、まわりに誤解されることが増えるでしょう。

あなたが心を解放して幸せに生きていくためにどうしてもしなければならないことは、〝気づかない感情〞として葬ったイヤな感情を掘り起こし、そう感じたわけを理解すること。そして、その傷を懸命に癒すことなのです。

人の言動に胸がヒリヒリ痛んだら、それにまつわる古傷があるというサインです。

場合によっては、いつもそばにいる人が「なんか態度がおかしいよ」と言って、古

放っておくと……
・自分を理解
できなくなる
・人から誤解される
気づかない感情

傷がうずいていることに気づかせてくれるかもしれません。

そのときは**冷静に心の中をのぞいて、葬った感情の痕跡を探してみましょう。**

だれもが、物心ついてからさまざまなつらい体験を積み重ねて生きています。

けれど、それは悲惨なことでもかわいそうなことでもありません。**古傷のひとつひとつが、自分をより深く知って愛するための糧**だからです。

その意味で〝気づかない感情〟は眠っているお宝と同じなんですね。それをあなたは大事に抱え込んでいるのです。

掘り起こすときはちょっとキツくても、傷を癒して元気を取り戻せば、今は予想もつかない大きな幸せをかみ

掘り起こしてみると……
・自分を知ることができる
・未来へのヒントが見つかる
気づかない感情

しめることができるでしょう。

傷をひとつ癒すたび、心は朝日が射したように明るくなってイキイキと躍動しはじめます。そこから、人生が開ける可能性は多いにあるのです。

気づかない感情には、明日のあなたへのメッセージが隠れています。

Chapter:1

7

〝気づかない感情〟の探し方

〝気づかない感情〟を探し出すのは、思いのほか簡単です。

鍵は、イヤな感情。なかでも**「どうしてこんなに腹が立つんだろう」**とか**「涙が止まらない……」**といぶかるくらい過剰な反応をしたときがチャンスです。

そのときには、**似た痛みを味わった〝過去の出来事〟**を思い起こしてください。

そこで3つ、質問します。答えは紙に書き出しましょう。

1　それはどんな出来事でしたか？　＋　そのとき感じたこと

2　そこで自分がしたことは？　＋　そのとき感じたこと

3　結果はどうなりましたか？　＋　そのとき感じたこと

例をあげます。職場で「言った／言わない」の行き違いから同僚に責められて、逆ギレした女性の場合を取りあげましょう。彼女が紙に書いた答えは――

1　学生時代に友人から「先生に自分のことを告げ口した」と責められた。あせった。
2　私はしてないと泣きながら訴えた。とても悔しかった。
3　友だちはついに信じてくれなかった。心から失望した。

どうですか？　答えから、彼女のヒリヒリするような痛みが伝わってきませんか？

彼女が〝気づかない感情〟として葬ったのは、人間不信というイヤな感情。その古傷を抱えたままだったから、同僚から責められたとき、以前と同じあせりと悔しさを覚えて「どうせまた信じてもらえない」という怒りが噴き出したのです。

その後、彼女は「**人間不信の感情は過去のもの。これからの私にはいらない**」と認識し直すことで、もう一度、人を信じる心を取り戻しました。


あなたが、自分の〝気づかない感情〟を探り当てたら、その傷を癒すことにしっかり心を砕いてください。

かつてあなたが思い込んだことは、すべて真実ではありません。**どんな気持ちも、その状況で抱いた一時的な感情**なのです。

イヤな感情を見つけたら……

1
それはどんな
出来事でしたか？
そのとき感じたことは？
2
そこで自分が
したことは？
そのとき感じたことは？
3
結果はどう
なりましたか？
そのとき感じたことは？

本来、感情はその場その場で過ぎ去っていくものですが、**封印したために、今日まで持ち越してしまっただけ**なんですね。そのことを承知して「傷ついた自分」を受け止めると、自然に古傷は癒えて、新たな一歩を踏み出すことができますよ。

あなたは、今はまだ「気づかない感情を見つけ出す自信がない」「自分で心の傷を癒すなんてムリ」と思っているかもしれませんが、心配はいりません。

次のチャプターでは、多くの人が心の奥に葬っている〝気づかない感情〟を紹介します。

あなたにも当てはまるものが数多くあると思いますので、自分のこととして考えながら、本当の気持ちをつかみとりましょう。そして、胸にくすぶっている痛みを一日も早く解放してください。

すべての感情は、一時的なもの。縛られる必要はまったくありません。

10の心の痛みを解放する

CHAPTER

2

自分の感情を整える

Chapter:2

1

自分の居場所が見つからない／孤独感

さあ、心の奥に旅に出ましょう。

自分が知らないうちに葬っていたイヤな感情を癒すのです。

それは自らを慰めるためではなく、傷ついた体験を基にして、もっと深く自分を愛せるようになるためです。

ここに紹介する10の痛みを解放すれば、心は羽が生えたように軽くなりますよ。

最初の痛みは、孤独感です。

あなたは、友だちから仲間はずれにされたわけでもないのに、恋人と喧嘩したわけでもないのに、**自分の居場所が見つからなくなって〝漠としたさびしさ〟に襲われたこと**はありませんか？

私は何回も経験しました。

「友だちの輪のなかにいても、なんとなくひとりぼっち……」

「好きな人と一緒にいるのに、たまらなくさびしい……」

そんな孤独感に陥って、自分の居場所を見失ってしまったのです。

そのとき感じたのは、これは**友だちや恋人のせいじゃない。私自身の問題なのだ**ということでした。

当時の私は典型的な依存型で、「だれか私を幸せにして！」という願望がとても強かったのです。

それでいつも、**自分で自分を幸せにする自信**がなかったんですね。

「信用できる優れた人と一緒にいれば、きっと幸せにしてもらえる」と期待しました。

けれど、そんな気持ちで友だちや恋人に接していたらどうなると思いますか？

みんな私のために生きているわけではないので、当然のように放っておかれます。

放っておかれると、自分がなんのためにそこにいるのかわからなくなってしまう……。

これが〝漠としたさびしさ〟の原因でした。

この問題を解決するには、**自分で自分の居場所をつくりだす**しかない。そう考えて

「**自分はなんのためにここにいるのか？**」という問題を突き詰めていったのです。

何度も何度も心に問いかけるうち、「本当はだれかに幸せにしてもらうためではな

孤独感を感じたとき……

↓

自分を見つめ直すチャンス

く、だれかとつながっている幸せを感じたくてここにいる」とわかりました。

さらに突き詰めていくと、「自分が幸せな気持ちでいないと、人を幸せすることもできない」ということもわかりました。

それ以来、「**自分の居場所は自分で見つけるもの。居場所がないと感じたときは考え方を変えるとき。外の世界より内の世界を変えるときなんだ**」という自覚が芽生えたのです。

今あなたの胸には、「そんなことを言われても、だれかとつながって幸せを感じる方法がわからない。だから、このままでは人を幸せにすることもできない」という想いがよぎったかもしれませんね。

この二つを同時に叶える簡単な方法があります。それをお伝えしましょう。

居場所がないと感じたときは、「自分がここにいる理由」を自分で作り出そう。

Chapter:2

2

自分への意識を他者に向けてみる

「自分以外の人を一生懸命応援する」と、外の世界は変わらなくても、内の世界が変わります。

スポーツ選手や芸能人に限らず、家族でも、友人でも、だれかほかの人のことを一生懸命応援すると、心は息を吹き返し、人生があっというまに豊かになるでしょう。

私たちは自分の居場所を見失うと、「だれも助けてくれない」と思い詰めて、勝手に孤独感を募らせる傾向があります。

孤独とは、人とのつながりを感じられない状態です。

つながりを感じられないときは、自分の内にある愛が行き場を失ったとき。

だから、自分以外の人を真剣に応援すると、愛が流れはじめてさみしさから解放されるんですね。

ちょっと思い出してみてください。

あなたが一生懸命応援していたスポーツ選手が大活躍し、ついに勝利をつかんだとき、思わず「やったー!」とガッツポーズをしたことはありませんか? そして、自分も勇気をもらったことは?

大好きな芸能人がすばらしいパフォーマンスを見せたとき、または、栄誉ある賞に輝いたとき、なんだか自分が成功したみたいな誇らしい気分になったことは?

人間は、心からだれかのことを応援しているときには、孤独を感じません。なぜなら、自分が放った愛の糸で、その人とつながることができるからです。

あなたの内からあふれる愛には、それほどまでに大きな力があるんですよ。

お気に入りの選手や芸能人を、ファンの人たちと一緒に応援するのも楽しいことですし、ごく身近な人を、仲間うちで必死に応援するのも楽しいことです。

実際に、サッカー選手を応援していたら、会場で出会ったサポーターと意気投合して盛り上がったとか、身内の夢を応援するうち、家族が一丸となって問題に立ち向かうようになった、という話は少しも珍しくありません。

そんなとき、あなたは最高に強く、やさしくなれるのです。

応援すると
他者に意識が向く
仲間ができる
さみしさが消える

また、熱い想いを共有する者同士は、目配せ一つで、言葉を超えたつながりを感じ合えるのもうれしいことですよね。

自分の好きな選手や芸能人を見つけて、心から応援しましょう。

友だちや家族の成功を、誠心誠意応援しましょう。

そして、できればその人に「私はあなたのことを心の底から応援している」と伝えてください。

公言することで心がつながり、いっそう愛があふれ出すから。

その愛が、漠としたさみしさを溶かしてくれるから。

自分以外の人に愛を注ごうとすると、どんな心の壁も乗り越える力があなたの中にわいてくるのです。

困っている人に、声をかけてみる、話してみる、手伝ってみる、それだけで内側が変わります。

Chapter:2

3

面倒くさくて先延ばしにしてしまう／完璧主義

「今日こそ部屋を片付けなくちゃ……」

「あのときのお礼を早く言わないと……」

あれもこれもすごく気になっているのに、いざやろうとすると面倒くさくなってそのまま。そういうことって、けっこうありませんか？

でもそれが度重なると、思い立ったときにやらない自分、**面倒くさがって先延ばしする自分を、心のすみで責め**はじめます。

責めるということは、いじめるということ。いじめられれば胸が痛み、しだいに自分を「ダメなやつだな」とさげすむようになるんですね。

そもそも「面倒くさい」というイヤな感情は、どこから生まれてくるのでしょうか。

自分が「面倒くさいな」と感じたときのことを思い出してみてください。

それは、そのことが**「できない」**のではなく、**「できるけどしたくない」と思った**

ときではありませんか?

心の底にあるのは、「完璧にできないから、やらない」という気持ちです。

「やるからには完璧に」という想いが根っ子にあるために、「そこまでやるのは面倒だ、やりたくない」思ってしまうのです。

その間、心のなかでは「やりたくない」「面倒がらずにやれば?」というせめぎ合いがあり、それに負けて先延ばしするので、どうしても「私ってダメだなぁ」というイヤな余韻が残ります。

これが**小さな自己嫌悪のもと**なのです。

あなたが**「できる範囲でいいや」と簡単に割り切れないのは、幼いときからずっと、〇か×で評価を下されてきたせい**なんですね。

完璧に答えれば〇、あいまいな答えは全部×。

テストの点数は〇がすべてで、「△も認めます」という評価はありません。

それを当たり前として育ったために、いつのまにか自分のすることにも〇か×を下すようになり、×だと思えば敗北感を味わうようになってしまったのです。

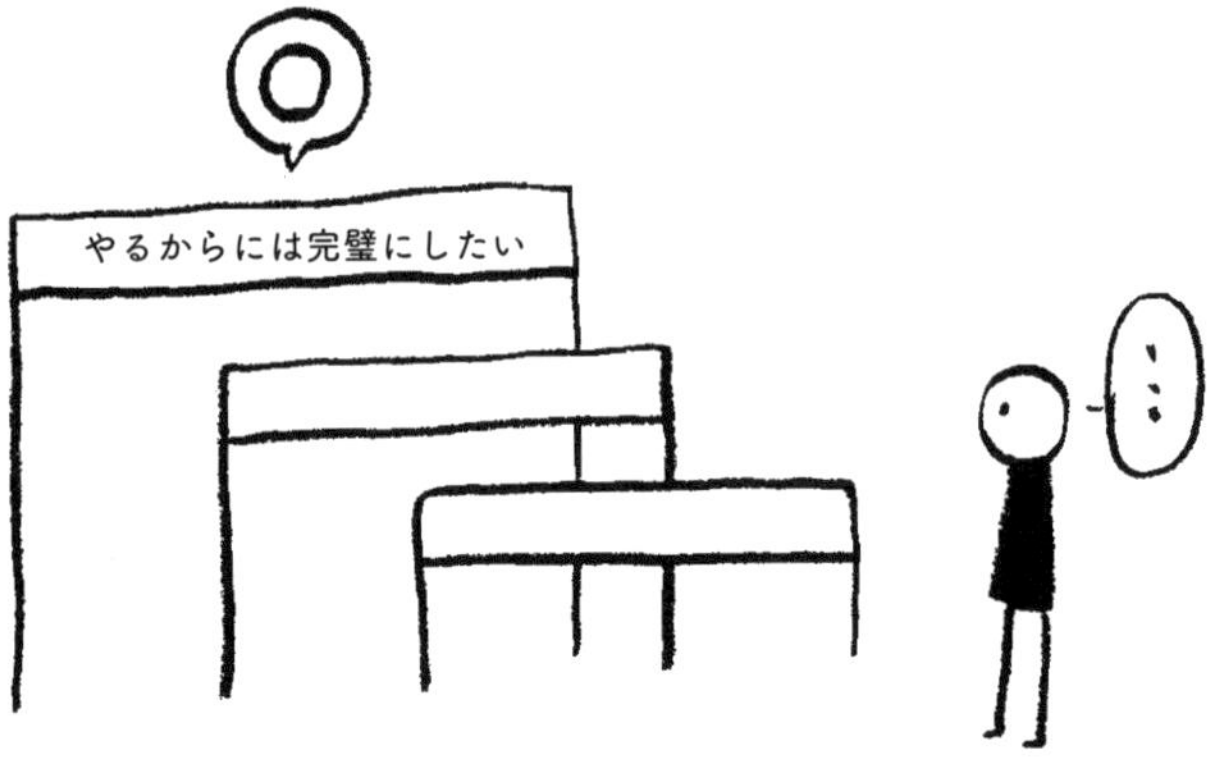

完璧を目指すと、ハードルが高い、ハードルが多い

数学の答えなら、正解は一つかもしれません。

でも、人生は違います。

○の自分も、×の自分も、△の自分もいていい。もっと言うなら、いて当たり前。

そのときは敗者に見えても、中途半端に思えても、あとで振り返れば「あのときはあれで正解だった！」とわかることが山のようにあります。

最初から完璧を求めることはないし、**本当は、完璧なんて存在しない**のです。

これまで先延ばしする自分に×をつけていたなら、視点を変えて**「そもそも完璧なんてあり得ないんだ」と考え、そのことに気づいた自分に○を**あげましょう。

その上で、先延ばしした結果を味わうか、面倒ください

完璧じゃなくて、△の自分でいい

けどやった結果を味わうか、それは自分が決めればいいこと。
これが「自分を本当に理解する」ということなのです。

完璧なんてあり得ません。
△である自分を書き出してみて。
その自分を大事にしよう。

Chapter:2

4

「完璧」よりも「精一杯」「満足」を目指す

人生の正解は、けして1つではありません。

物事はどんどん移り変わります。あなた自身も、目に見えない速度で年齢とともに変化し、心が成長を遂げた分だけ幸せに生きられるようになっていきます。

そのためには、〝そのとき〟〝そのとき〟を精一杯生きることがとても大切です。

精一杯生きるとは、完璧を求めて無理をすることでも、また、完璧にできなかった自分を責めることでもありません。

ただ、「今できることに手を抜かない」ということなのです。

今後は、**何をするにも「完璧」を求めず、「精一杯」をあなたの正解に**しませんか。

すると、「面倒くさいから先延ばしする」という悪習を簡単に打ち破ることができますよ。

私は面倒くさがりの自分に辟易として、目標を見直しました。

――私は根が怠け者だから、努力する人を見ると「がんばらなくちゃ」と思うけど、たちまちその人みたいにできないことに自己嫌悪を覚える。こんなイヤな気分にさせる完璧主義なんていらない！　もっと自分に見合う目標を立てよう。

それまでは、**背伸びをして何事にも高い目標を掲げ、結局そのハードルを越えられなくて悶々としていたん**ですね。

それを全部、**身の丈に合った目標に設定し直した**のです。たとえばこんなふうに。

・家のそうじ

なんでもかんでも一日でやろうとせず、「今日は水まわりをきれいにする」とか「今日はガラス拭きだけ」と決める。**ほかの部分にはけして手をつけない。**

すると、小さな達成感を得ることができて、「今日も中途半端に終わった……」とイヤな気分でそうじを終えていたときとは大違いになりました。

・親孝行

大きな親孝行をしたいという気持ちがあるなら、その前に、もう少しマメに連絡するようにする。次に会ったときに伝える言葉を決めておく。「いつも心配させてごめん」

でも、少しずつ積み重ねれば

とか「私を産んでくれてありがとう」など。

最初に感謝の言葉を伝えたときの親のうれしそうな顔を見て、それまで頭にあった「あえて言わなくてもいいでしょ」という考えを180度改めました。

こうした経験を通して、いつも満点を求めて空回りしていた私は、「日常のちょっとしたことに手を抜かないで、小さな満足を積み重ねていくことが人生の正解！」と思うようになったのです。

あなたも、そんな目で**まわりを見渡してみると、小さな満足を得るきっかけがいっぱい見つかりますよ。**

それだけではありません。ほかの人が面倒くさがらないであなたにしてくれていることにも、きっと気づけるでしょう。


今日は今日達成できそうな目標を、明日は明日達成できそうな目標を、立てよう。

Chapter:2

5

いい人の仮面をはずせない／過剰な防衛心

幼いころは、〝いい子〟にしていれば、まわりはこぞってほめてくれます。

私はほめられたい一心で、愛されたい一心で、がんばっていい子でいました。

大人になると、今度は〝いい人〟を目指しました。

でも、大人の世界は同じようにはいきませんでした。いい人だからといって、ほめられるわけでも、愛されるわけでもなく、逆に「またあ、いい人ぶって」とからかわれたり、「いい人って、なんかつまんないよね」と言われる始末。

それでも、**どうしても〝いい人の仮面〟をはずすことができなかった**のです。


私は〝いい人〟を否定しているのではありません。根っからのいい人ならば、そもそもいい人ぶることがないから、当然のように好感を持たれるでしょう。

私の場合は、「素の自分を出したら嫌われるに違いない」と恐れて、いい顔をして無理に相手に合わせたり、我慢してなんでも引き受けていたんですね。

それが証拠に、**心のなかでは「断りたいのに断れない自分が情けない」「あんな身勝手な人にどうしてへつらうの！」という葛藤**が絶えませんでした。

しだいに心が擦り切れていき、人と付き合うことがむなしくなってはじめて、「このままいい人の仮面をつけていたら、幸せな生き方がわからなくなる……」と危機感を覚えました。

「嫌われたら嫌われたで仕方がない。もう偽善はたくさん！ 素の自分で生きよう」と、崖っぷちまで追い詰められてようやく覚悟を決めたのです。

それでも、最初に頼まれ事を断ったときはドキドキしました。

「無理をすればできるかもしれないけど、ほかにやりたいことがあるから」と正直に話してあやまりました。

すると、相手はあっさり認めてくれて、なんの問題もなかったのです。

ほかの人の誘いを断ったときも同じでした。

「どうしても気が進まなくて……」と言うと、「そう、じゃまた今度」という返事。

みんなにとって「いい人」でいようとすると
「いい人」の仮面に押しつぶされてしまう

このとき、私は自分のひとりよがりで、長いあいだ心に壁を作っていたことに気づいたのです。自分が嫌われないようにしようという過剰な防衛心でした。

いい子が「親にとって都合のいい」子であるように、**いい人は「その相手にとって都合のいい」人に過ぎません。**

だから、**だれに対しても都合のいい人でいようとすれば、自分はしょっちゅう無理や我慢を強いられることになるので、心が疲れるのは当然**なんですね。

あなたにとって一番大事なことは、〝いい人〟でいようとすることより、〝真実の人〟でいることなのです。

いい人の仮面は、真実を覆い隠します。いい人の仮面をかなぐり捨てたとき、ありのままのあなたが浮かび上

「いい人」よりも、「正直な人」でいれば、
自分も相手もラクでいられる

がります。

「ほんと正直な人ね」という印象を持たれたら、それこそが「最高にいい人！」なんですよ。

怖ければ即答しないで、“NOと言う予行練習”をしてから、断ってみてください。

Chapter:2

6

動機を変えると、いい人をやめられる

周囲に気を遣いすぎて〝いい人の仮面〟をはずせないでいるあなた、そんな窮屈な仮面は投げ捨てて、もっと気楽に過ごしましょう。

あなたは、「仲間はずれにされないように」とか「がっかりされないように」という気持ちで行動することが多くありませんか？

だれからも嫌われたくない気持ちは痛いほどわかりますが、**何かを恐れて行動する限り、その場その場を楽しむことはできません。**

たとえば、あなたが飲み会に参加したとします。

そこで大切なことは、**「自分が人目にどう映るか」ではなく、「自分がその場をどれだけ楽しめるか」**なんですね。

あなたと過ごす人たちは、人の顔色をうかがうあなたより、自分から進んで楽しもうとするあなたに惹かれるのです。

いい人の仮面を捨てるために、私がしたことをお伝えしましょう。

最初に、**何かするときの〝動機〟を改めました。**

「〜になったら怖いから」ではなく、「〜をしたら楽しいから」に変えたのです。

こんなことがありました。友人から〝文化人交流会〟に誘われて、「パーティーは疲れるな」と思いつつ、付き合うことに。

そこで、自分が出かける〝おもしろそうな動機（目的）〟を見つけておいたのです。

・イケメン部門とファッション部門のマイ・ベスト10を模索する。
・おいしいものをいっぱい食べて、参加費の元を取る。
・笑える話題や、仕事のネタを拾う。
・自分と同じような気持ちで参加している人を探し当てる。

こんな調子で、愉快な目的を作って参加したら、作り笑顔を浮かべて人からどう見られるかと気疲れしていたときより、何倍も楽しく過ごすことができました。

あなたも積極的に、おもしろそうな動機を探してみてください。

次に、だれにでも〝いい顔をする〟のをやめました。

〜したら
楽しいから
・仲良くなれたら楽しい
・あの人と友だちになりたい
・こんな話をしたい
・かわいい服着たら楽しい
楽しい動機
〜なると
怖いから
・仲間はずれにされたら怖い
・あの人に嫌われたらどうしよう
・こんなこと言って大丈夫かな
・この服ヘンに思われるかな
恐れの動機

いい顔をすれば人間関係がスムーズにいくとは限らないからです。

考えてみれば、だれからも好かれるなんてことは、あるわけがありません。**どんなに神経をすり減らして接しても、嫌う人は気分次第で勝手に嫌う**ものなんですね。

そこで、「私のことを嫌うのはあなたの自由。勝手にすれば！」と開き直ったのです。

あなたも**まわりの人に対して、「私を嫌う自由を認めてあげよう」と思ってみてください**。きっと、気がラクになりますよ。

こうして心にある恐れを上手に手放していくと、いい人の仮面を捨てることができて、素のあなたが現れます。

素のあなた以上に魅力的なあなたは、どこにもいません。

「こんな私だけど、嘘はないから」と胸を張って、楽しく生きていきましょう。

動機を「どう思われるか」から、「どうしたい」へ変える。

Chapter:2

7

コンプレックスから逃れられない／劣等感

「自分は口下手だ」と思っている人が大勢います。

もしあなたがそのひとりで、「私は口下手のせいで損してる」とか「口下手だから人付き合いが苦手なんだ」と思っているとしたら、それは勘違い。

たまたま「立て板に水」のように話す人に出会えば、そのときはうらやましく感じるかもしれませんが、**あなたの問題は「流暢に話せない」ことではなく、「流暢に話せないことにコンプレックスを感じている」こと**にあるのです。

心に巣食っている〝劣等感〟というイヤな感情から卒業しましょう。

口下手に限らず、劣等感の痛みは抱え続けていても意味がありません。

それは、**あなたが持って生まれたよさを覆い隠すばかりでなく、あなたが持っている力を発揮させないように心を縛る**からです。

なかには、劣等感をバネに「私だってやれる！」と奮起して、成功を収めた人もいるでしょう。その人は、劣等感を克服するために涙ぐましい努力をしたはずです。

でも普通は、劣等感を抱えると、まるで鉛を呑んだように心が沈んで、引っ込み思案になってしまうものなのです。

私のところに相談にやってきたある女性の話をしましょう。

彼女は自分の容姿が大不満で、才能も人並み以下だと〝劣等感のかたまり〟でした。他人を見ては嘆き、なぐさめれば「あなたには私の気持ちはわからない」とはね返し、いくら彼女の〝いいところ〟をあげても、首を横に振るばかり……。

そんな激しい劣等感から逃れられない苦しみを背負い、「それでも生きていかなければいけないのでしょうか……」と私に訴えました。

これは彼女に伝えたアドバイスですが、同時に、あなたへの提言でもあります。

――劣等感に心を支配されているあいだは、「自分が持って生まれた魅力を発揮すればいい」という発想をするのはむずかしいでしょう。

けれど、心を支配している劣等感を少し取り除くと、そこに隙間が生まれます。すると、アスファルトの隙間から顔を出す雑草のように、「ありのままの自分で生きていこう」という気持ちが心に芽生えてきます。その気持ちは本当に雑草のように

劣等感

「自分を誰とも比べない」時間をつくって
心を覆っている劣等感を、少しずつ取り除く
まず最初のすきまをつくることが大切

たくましく、ふたたび劣等感が吹き荒れても、揺らぐことはありません。

あなたもきっとそうなれますよ。

今ある劣等感を取り除く唯一の方法は、「自分をだれとも比べない」ことなのです。

比べれば、優劣を見ることになりますが、比べなければ、〃ただひとりの自分〃しかいません。きっと、素直に自分のよさに目を向けられるでしょう。

最初は、つい人と比べてしまうことがあっても、その都度、「だれとも比べる必要はない」と自分に言い聞かせて、〃ただひとりの自分〃に意識を戻すようにしてください。

あなたは、あなたを生きることしかできません。

だからこそ、あなたらしくのびのびと生きはじめると、幸せを感じられるようになっているのです。

他人の情報を一切シャットアウトして、自分のことだけ考える時間を作ってみよう。

Chapter:2

8

あなたにしかないものが、必ずある

あなたはもともと、だれとも比較することのできない唯一の存在なのに、どうしてチクチク胸を刺す劣等感を味わうのでしょう……。

それは、劣等感にとらわれると、心が後ろ向きになって人生がつまらなくなることを体感するためなんですね。

さらには、劣等感にとらわれた人の痛みにより添えるようになるためです。

それがわかったら、劣等感にもう用はありません。

劣等感も優越感も関係ない世界をあなたの内側に作って、唯一の自分と平穏に暮らしましょう。

外側の世界は多様な価値観に満ちているので、比較好きな人や、皮肉や批判などの心無い言葉を浴びせる人に会うこともあるかもしれませんが、そんなことでしょげていてはいけません。

あなたには、自分で自分を守る必要があります。

人の言動に振り回されないよう、毎晩「**私はだれとも比較できない唯一の存在！**」と自分に言ってから寝るようにしましょう。

一日の終わりに〝本来の自分〟に帰り、劣等感を人生から切り離す。劣等感をもう立ち入らせないようにするのです。

「劣等感を切り離しても、口下手という事実はそのまま残る。それはどうするの？」と思ったなら、それは大丈夫です。

劣等感が心を支配しなくなると、だれとも比べる必要がなくなるので、「口下手」は「言葉を選びながら話す」という特徴に、つまり個性のひとつになるからです。

あなたがそう考えられるようになったら、どのように態度に変わると思いますか？

たぶん、**言葉を選びながら「堂々と」話すようになる**でしょうね。

この「堂々と」が、以前とはもっとも違う点なのです。

または言葉に頼らず、「もっとジェスチャーや表情で想いを伝えよう」という気になって、鏡の前で身振り手振りや表情の研究をはじめるかもしれません。

その一方で、言葉巧みに話す人たちを冷静に眺める余裕が生まれ、それぞれの人間

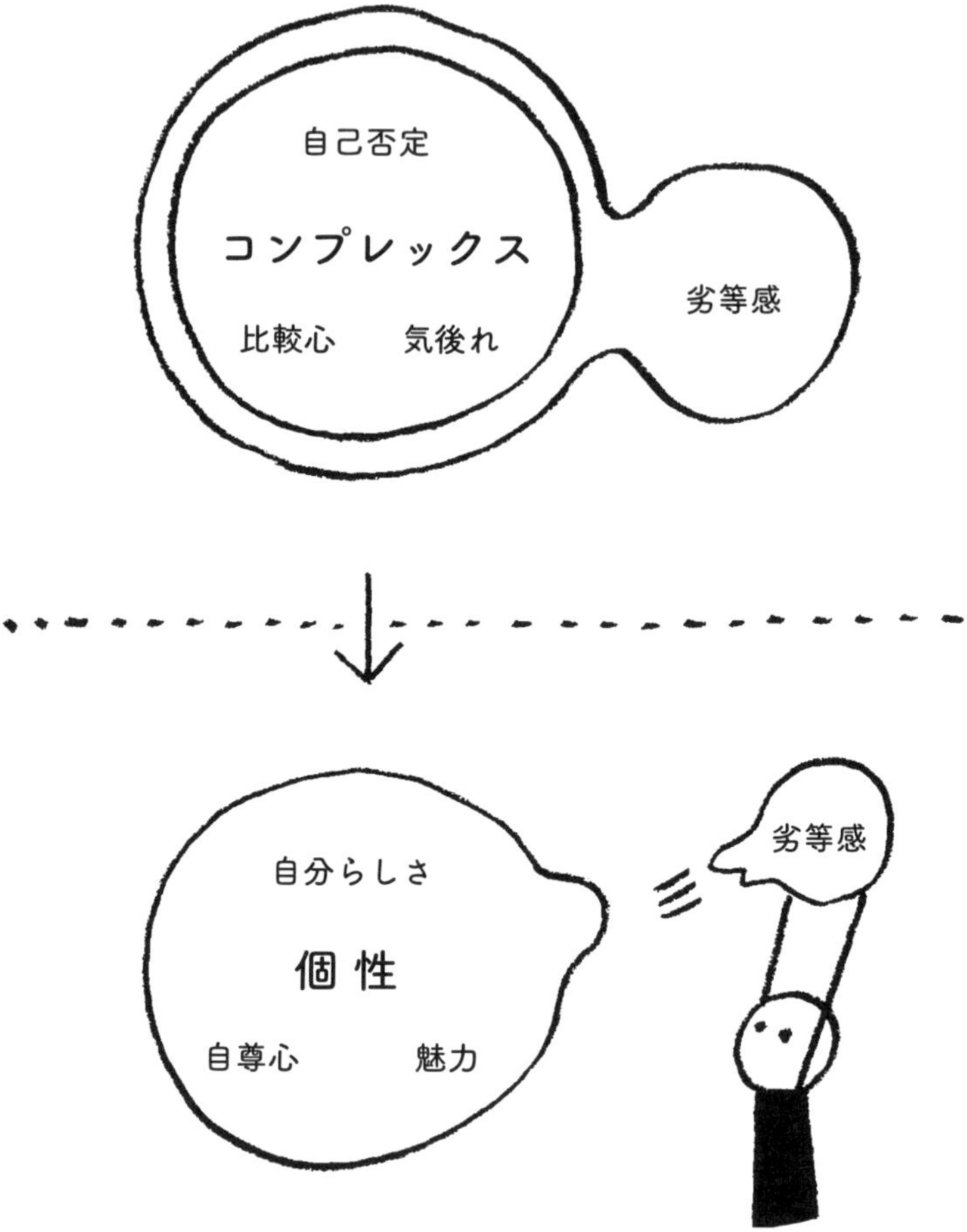

短所・欠点 − 劣等感 ＝ 個性

誰とも比べなければ
コンプレックスは個性に変わる

性に目が向くと思います。そのとき、「人の魅力は、言葉が流暢かどうかではなく、内面からかもし出されるもので決まる」と確信するでしょう。

では、こんな想像をしてみてください。

「自分が内面から輝いていたら、毎朝どんな表情で出社するかな……？」

「以前よりも幸せな私なら、出会った人にどんな声をかけるかな……？」

きっと、やさしい笑みを浮かべ、明るく挨拶する自分を想像したのではありませんか？　なりたい女性像を思い浮かべて、そのように振る舞う自分を想像したかもしれませんね。

それは、あなたがずっと「なりたかった自分」のはず。

もう、**だれとも比べないで、だれにも気後れしないで、「想像した通り」の自分**で動きはじめましょう。

コンプレックスを、あなたの〝個性〟と〝魅力〟に言い換えてみる。

Chapter:2

9

罪の意識がつきまとう／罪悪感

「約束を破った」「嘘をついた」「告げ口をした」「仕事をさぼった」「道にゴミを捨てた」「席をゆずらなかった」……あげればキリがありません。

こんなちょっとしたことで、私たちは簡単に罪悪感を抱きます。

これまで生きてきて、**一度も罪の意識に苛まれたことがない人は、たぶんいないと**思います。

あなたは幼いころ、両親や友だちの期待に応えられなかったとき、〝なんとも言えない居心地の悪さ〟を感じた経験はありませんか？

じつは、それは〝プチ罪悪感〟だったのです。

大人になるまでにプチ罪悪感が山のように積み上げられていき、**今度は身近な人や社会の期待を裏切ったと感じるたび、激しい罪悪感にかられる**ようになるんですね。

たとえば、それはこんなこと。

サンクチュアリ出版＝本を読まない人のための出版社

はじめまして。
サンクチュアリ出版 広報部の岩田です。
「本を読まない人のための出版社」…って、なんだソレ！って
思いました？ ありがとうございます。
今から少しだけ自己紹介をさせて下さい。

今、本屋さんに行かない人たちが増えています。
ゲームにアニメ、LINEにfacebook…。
本屋さんに行かなくても、楽しめることはいっぱいあります。

でも、私たちは
「本には人生を変えてしまうほどのすごい力がある。」
そう信じています。

ふと立ち寄った本屋さんで運命の1冊に出会ってしまった時。
衝撃だとか感動だとか、そんな言葉じゃとても表現しきれない程、泣き出しそうな、叫び出しそうな、とんでもない喜びがあります。

この感覚を、ふだん本を読まない人にも
読む楽しさを忘れちゃった人にもいっぱい
味わって欲しい。

だから、私たちは他の出版社がやらない
自分たちだけのやり方で、時間と手間と
愛情をたくさん掛けながら、本を読む
ことの楽しさを伝えていけたらいいなと思っています。

「人に迷惑がかかることを承知で自分は逃げてしまった……」
「自分のことを信じてくれていた人を裏切ってしまった……」
「本当はあの人を助けることができたのに、そうしなかった……」

けれど、激しい罪悪感を抱えたままでは、けしてのびのびと生きられません。
どうしてかというと、知らないうち「こんな自分を罰しなくては」と思ってしまうからなのです。

すると、**無意識に「幸せになってはいけない」という気持ち**が働いて、たとえば好きな人と相思相愛になると、自分から関係を壊したり、仕事があと一歩で終わるというときに、まさかというミスをするようになるんですね。

「そんなバカな!」と思うでしょう?

これは**潜在意識が行うことなので、本人もどうしてそうなるのかわからずに苦しみ**ます。

だから〝罰〟なのです。

裏切って
しまった
逃げて
しまった
約束
守れなかった
罰

神様があなたを罰するわけではありません。いつも知らないで、自分が自分を罰しているのです。

さあ、心を縛っている「罪を償わなければいけない」という発想を変えるときがきました。

もっとのびのびと生きられるように、罪悪感という荷物を下ろして、胸のつかえを取り除きましょう。

私たちはみんな未熟な存在だから、自分のことで汲々としているあいだに、うっかりほかの人を傷つけてしまったり、意に反してあやまちを犯すことはあるものです。

それはけしてあなただけではないんですよ。

だから、過去の体験の後ろめたさが心を重くしていても、罪の意識を持つことはありません。

そのときのあなたはそうするしかなかったのだし、そ

裏切ってしまった
逃げてしまった
約束守れなかった
罰

れしかできなかったのです。

もっと言うなら、その体験から学ぶために、もろもろのイヤな感情を知る必要があったのです。

そんな考え方もあることを受け入れて、罪悪感を乗り越えましょう。

罪悪感を感じている体験から、得たことや学んだことを考えてみよう。

Chapter:2

10

「後ろめたさ」を「感謝」に変える

「罪を償わなければいけない」というと、なんだか大げさに聞こえますか？

では、あなたはこれまでに「穴埋めしなくちゃ」とか「これは罪滅ぼし……」という気持ちで人に何かしたことはありませんか？

もし「ある」なら、動機は同じ〝罪悪感〟なんですよ。

人間関係にもまれるなかで、**ついほかの人を不快にさせて「悪かったな」と思ったり、うっかり怒らせて「まずいことをした」と思うことはよくあります。**

けれど、**そのたびに罪悪感を抱え込むと、しだいに言いたいことを言えなくなったり、したくもないことをするようになって、無理と我慢が増えていきます。**

もしもそのせいで、あなたが生きづらさを感じているなら、そんな生き方とサヨナラしましょう。

ほんの少しの罪悪感でも、それは心に暗い影を落とします。

私は、罪悪感とスッパリ縁を切りたくてずいぶん悩みました。

――自分の性格からいって「つい」や「うっかり」がなくなることはない。かといって、そのたびに「またやっちゃった」とか「悪いことをした」という罪の意識にかられて「穴埋めしなければ……」と暗い気持ちになるのはもうイヤだ。罪悪感から解放されるいい方法はないだろうか……？

何年も悩んだ末、とうとう答えを見つけました。

「罪悪感を〝感謝〟に変えればいい」

後ろめたさは、すべて感謝に置き換えられることに気づいたのです。

罪悪感を払拭できると、ホッとして気持ちがパーッと明るくなるんですね。

安堵するには「感謝する」のが一番！

たとえば**「友だちを傷つけた……」と思ったら、その場で「それでも友だちでいてくれてありがとう」と感謝する。**友だちに直接言えなくても、心の中でそっと言えばいいんですよ。

後ろめたさ
・友だちを傷つけた
・仕事で同僚に迷惑をかけた
・親孝行できてない
・それでも
友だちでいてくれた
・同僚が助けてくれた
・こんな子でも
愛してくれる

「仕事で迷惑をかけた」と思ったら、自分をカバーしてくれた人に「助けてくれてありがとう」。あるいは、天に向って「貴重な体験ができたことを感謝します」と言いましょう。

いつでも、どんな状態のときでも使える、ありがたくて便利なフレーズは、「こんな私でも生かしてくれている神様、ありがとうございます！」。

私は仕事に追われて「全然、親孝行してないな」と思ったとき、「こんな娘でも愛してくれてありがとう」と感謝を捧げたら、心がほっこりして、申しわけなさでいっぱいだったときとはずいぶん違うと実感しました。

あなたもぜひ試してみてください。

感謝をわき立たせることは、自分の背中を押す〝愛〟をわき立たせることなのです。だから、温かさとすがすがしさにあふれて、前に進めるようになるんですよ。

「ごめんなさい」でなく、「ありがとう」を言おう。

Chapter:2

11

「なぜ私だけ…」と人を妬んでしまう／不公平感

「美人で賢い女性はものすごくモテますが、私は不細工で頭もよくないから、まるで冴えない人生です。生まれつき、どうしてこんなに差があるのかと思うと悔しくて……世の中、ほんと不公平だと思います」

若い女性が、まだあどけなさの残る顔でそう言ったので、私は自分のことを思い出して苦笑いしてしまいました。

「私も若いときは何度そう思ったかわかりませんよ。気持ちはよーくわかります。でもね、あなたの顔や能力が今と違っていたら、あなたは今のあなたではなくなってしまいます。そうしたら、今度は別の悩みを抱えるんですよ」

「えっ、どんな悩みですか？」

「美人で頭がいいとまわりはチヤホヤしますよね。すると、特別扱いされることに慣れてどうしても高慢になってしまって、人生につまずくんです。その人が愛され続けるかどうかは、性格で決まるからです」

彼女はうつむいてちょっと考えてから、意を決したように顔をあげました。

「私、自分より恵まれている人を見ると、うらやましいのを通り越してすぐひがむんです。そんな自分がイヤでイヤで……、このひがみっぽい性格を直したいんです！」

ひがむとか妬むというイヤな感情には、二種類あります。

ひとつは、好きな人に執着して焼きもちを焼く〝嫉妬〟です。ベースにあるのは独占欲。

もうひとつは、ほしいものが手に入らなくて人をやっかむ〝妬み嫉み〟です。**ベースにあるのは不公平感。**相談者のひがみはこれでした。

〝妬み嫉み〟は物心がつくと同時に出てくる感情なので、身に覚えのない人はいないでしょう。「あの子ばっかりいいな、ずるい」とか「自分もみんなと同じものがほしい」と感じたことはありませんか？

ここで、まだ記憶に新しい妬み嫉みを感じた出来事を思い出してみてください。

ヒリヒリと胸をこがすイヤな感情の陰に、どんな想いが隠れているでしょうか。

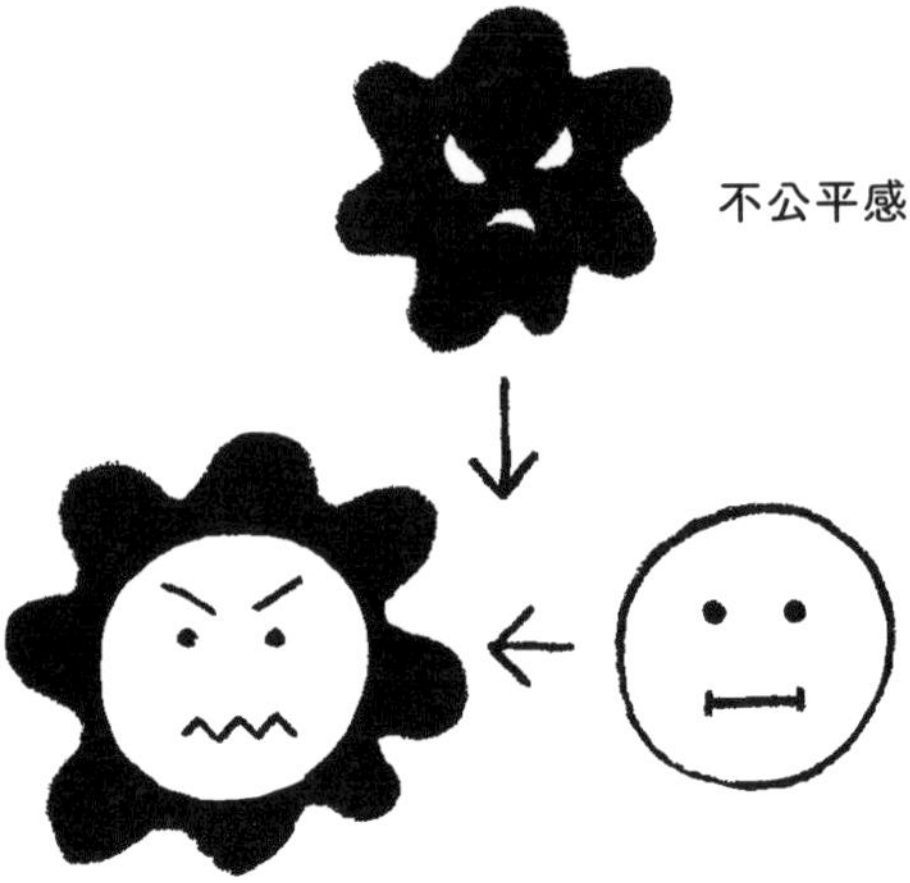

「私ばっかり、どうして!?」という〝不平等感〟がありませんか？

ほかの人を「いいなぁ、うらやましい」と感じるのはしょっちゅうあることです。

ただ**「うらやましい」だけなら、妬み嫉みは発生しません。**

問題は、そこで「どうせ私は負け組」「がんばったって勝ち目はない」**「私ばかりどうしてこんなに恵まれないの」といった〝ゆがんだ考え〟にとらわれること。**

それが苦しみを生む源なのです。

人を妬んでもがき苦しんでいるときは、自分のゆがんだ考えにもがき苦しんでいるんですね。

そのことに気づかないと、知らず知らず、ひがみっぽい発言が目につくようになって、人にも皮肉を言うよう

「うらやましい」にとどめ、不公平感にフォーカスしない

うらやましい

になります。
そうなる前に、心を整えましょう。
「うらやましい」という感情を「妬み嫉み」に発展させなければいいのです。

自分にないものでなく、自分にあるものを数えよう。

Chapter:2

12

自他のアラ探しをやめて、いいところ探しを

出会ったときは、自分より何もかも先をいく彼女をただただ羨望のまなざしで見ていたのに、いつのまにか〝ゆがんだ考え〟が入り込んで妬むようになってしまった……。

そんな経験はありませんか?

私にはあります。当時は、彼女がそれまでしてきた努力には目もくれず、自信に満ちた今の姿や、成功して手に入れたものだけを見てやっかんでいたんですね。

そんなとき、彼女が先天的な病と闘ってきたことを人づてに聞いて、私は彼女が背負ってきた苦労の大きさをはじめて知ったのです。

『人の不幸は蜜の味』と言いますが、妬み嫉みに蝕まれて不幸感を抱いていると、「自分だけじゃない」と人の不幸に慰められることもあると思います。

けれど、蜜の味にいい気になって、人の不幸をおもしろがったり、陰口をたたくことに快感を覚えるようになったらたいへんです。

〝人のアラ（不幸）探し〟は、自分が不幸に陥る〝落とし穴〟なんですよ。

人間には「普段自分にしていることを、ほかの人にもする」という習性があります。**人のアラ探しばかりしていると、普段は、自分のアラ探しに熱心になってしまう**んですね。それでどんどん卑屈になって、その分、ひがみっぽくなるのです。

私は妬み嫉みに心を奪われたことを反省し、「だれかをうらやましいと思ったら、妬み心が頭をもたげる前に、その人のすばらしさを認めて〝いいところ探し〟をしよう」と決心しました。

〝いいところ〟とは、表には見えていない努力や信条のこと。それが目に見える魅力や成功を生んでいることを知ったからです。

それでも、**たまに妬み心を抑えきれないで胸がヒリヒリすると、そのときは「じゃ、自分のいいところはどこ？」と考える**ことにしたんですね。

最初は何も出てこなくて「うーん、うーん」とうなるばかりでした。

そのうち、「あきらめないで自分を一生懸命応援するところ」とか「どんな相手からも学ぼうとするところ」と少しずつ言葉が出てくるようになって、ジワーッと温かいものが胸に込み上げたのです。

良いところ
悪いところ
良い

あなたが妬み嫉みに苛まれたとき、選べる道は三つです。

① 不幸せになる道。――恵まれた人をやっかんで〝アラ探し〟にふける道。
② 今まで通りの道。――妬み嫉みを抱えてイジイジしながら過ごす道。
③ 幸せになる道。――**痛みを掬い上げて〝いいところ探し〟をはじめる道。**

これまでは無意識に①や②を選び、イヤな感情を味わってきたのなら、これからはあなたの意志で③を選んでください。

〝いいところ探し〟は人に限った話ではありません。自分のなかに眠っているいいところも、いっぱい見つけましょう。

それこそが、あなたが幸せになる道ですよ。

会った人すべての、いいところを5コ挙げる。
ゲームのつもりで、練習してみよう。

Chapter:2

13

自分の存在価値を感じられない／無価値感

自分の存在価値がわからない痛みは、「このまま生きていてもいいんだろうか……」という迷いまで引き起こすほど大きな苦しみです。

その苦しみは、こんなイヤな感情になって襲いかかります。

「だれも私のことなんて必要としてない」
「私にはなんのとりえもないし、人の役に立っているわけでもない」
「私なんか、いてもいなくても同じなんだ」
「私なんか、生まれてこなければよかった！」

あなたがそう感じたときは、とてもつらかったでしょうね。

あまりのつらさに「もう、こんな気持ちは味わいたくない！」となげき悲しんで、〝一番守りたかった気持ち〟をどこかに葬ってしまったかもしれません。

だとしたら、それを取り戻しましょう。

痛みを癒し、**「私には生まれてきた価値がある」という気持ちを復活させる**のです。

自分が生きている価値を実感したいと思わない人はいないのに、あまりにも深く心が傷ついて、**「私は必要とされていない」「私なんかいてもいなくても同じ」と思い込むと、だれもが大きな〝無価値感〟を抱えます。**

そのきっかけは、その人が信頼していた人の心ない言葉であることがとても多いんです。母親から「あんたなんか、産まなきゃよかった」と言われた。上司から「使えないやつだ」と言われた。友だちから「うざい」と言われた……などなど。

自分がどうでもいいと思っている人から言われた言葉だったら、もしかしたら跳ね返せたかもしれません。けれど、**信頼していた人の口から飛び出した言葉は、鋭い刃物のように心をえぐる**のです。

そんな体験をして自分の存在価値を否定すると、心がゆがんでしまいます。

すると、たとえば友だちから「みんなで遊びに行こう」と誘われても、「どうせ私は数合わせ」といじける。「しゃしゃり出たらうっとうしがられる」と気にする。そ

・私にはなんの取り柄もない
・私のことなんて
必要とされていない
・どうせ私なんて…

無価値感を感じたら、
自分がいなければ、自分の家族、職場、
仲間がどれだけ困るか、
自分の価値を冷静に分析してみよう

うやって**感情を殺し、自分の意見を持たないワタシになっていくん**ですね。

もしかしたら、「自分の意見なんてないほうが、いちいち気に病まなくてラク」と思うかもしれませんが、感情のない人はいません。

あなた自身が、自分のイヤな感情を無視し続けたらどうなると思いますか？

心のなかに〝**行き場をなくした怒り**〟が生まれます。

それが排他的な生き方や、反社会的な行動の引き金になることもあるし、そうでなくても、アルコール、買い物、ハードワーク、ネットなどにのめり込んで依存症になってしまう人がいるのです。

あなたの心に巣食っている「どうせ私なんか……」という気持ちは、小さな無価値観です。その痛みを、今のうちにそっと手当てしましょう。

「どうせ私なんか……」という気持ちは心のSOS、絶対に無視しないで。

Chapter:2

14

人生のストーリーを書き換える

今ある〝無価値感〟は、二度と思い出したくない過去の体験から生まれています。

あなたは、**そのときになめたイヤな感情を心の奥に封印したつもりかもしれませんが、それは消えたわけではありません。**

心は幾層にも分かれていて、無視された痛みは心の深い層に取り込まれます。

つまり、**心の深い部分では、今も痛がっている**んですね。

その反動で、なんとなく自虐的になったり、急にむなしくなって引きこもったり、イライラして人に攻撃的になることがあるのです。

もし、何か思い当たったら、一緒に修復のプロセスをたどりましょう。

無価値感を癒すためには、二度と思い出したくないと封印した記憶の扉をこじ開ける必要があります。

ちょっと胸がうずくかもしれないけれど、あなたが自分に絶望して深く傷ついた出来事を思い出してみましょう。そして、そのとき**「私はいつもこうなる」と潜在意識**

に刷り込んだ〝イヤなストーリー〟を見つけ出してください。

そのストーリーは、その後、何回もくり返されているはず。たとえば「私はあと少しのところで失敗する」とか「私はいつも損をする役回り」といったこと。

心ならずも刷り込んだそのストーリーを、ここで書き換えるのです。

先の**「あと少しのところで失敗する」というストーリーを、「ちゃんとやり遂げられるから、もう心配ない」というストーリーに書き換えたらどんなにホッとするか、**想像できますよね？


私は十数年前に、ネット・カウンセリングの回答を酷評されたことがありました。

そのときはかなり落ち込んで、「私のすることなんて高が知れている」というストーリーを心に書いてしまったんですね。

気持ちがなえて公開カウンセリングをやめようとしたとき、自分がイヤなストーリーにはまっていることに気づいて書き換えました。

「私のささやかなカウンセリングが、きっとどこかでだれかを笑顔にしている」と。

それから反響が変わり、この仕事に心からやりがいを感じるようになったのです。

ストーリーを描くのは自分

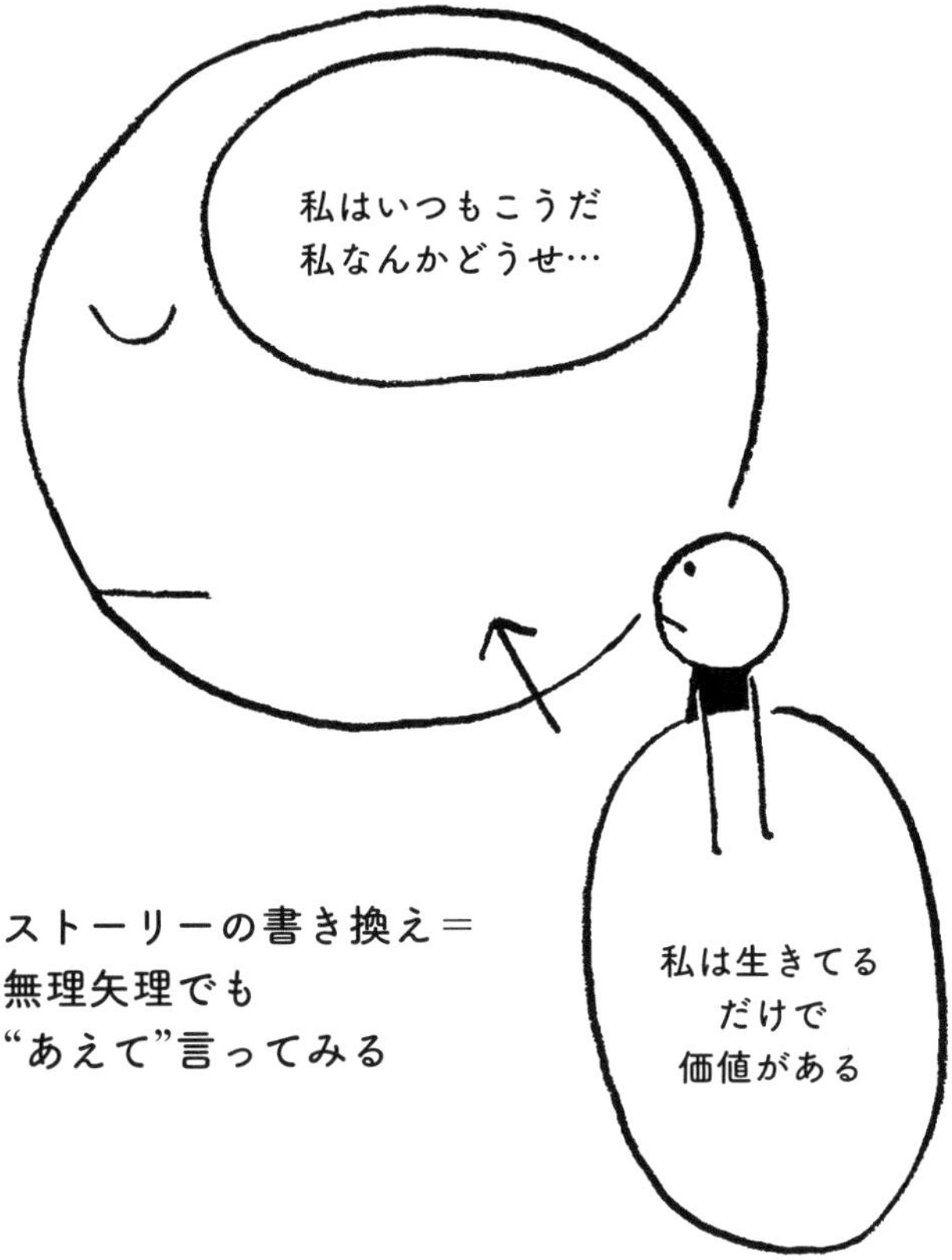
私はいつもこうだ
私なんかどうせ…
私は生きてる
だけで
価値がある

ストーリーの書き換え＝
無理矢理でも
“あえて”言ってみる

心が引き裂かれた体験を直視するのはキツイことですが、**重要なことは、「あのとき自分がこのストーリーを作った」と気づくこと**なのです。

あなたの人生物語の脚本は、ほかのだれでもない〝あなた〟が書いています。**あなたの意志で、主人公がかみしめる感情はいかようにも書き換えられる**んですよ。

書き換えたら、新しい脚本を毎日声に出して読み上げましょう。

これは〝アファメーション〟といって、心を修復する方法。例をあげると、

「私は生きているだけで１００パーセント価値がある！」

「私は強くなる。自分で人生を切り開けるようになる！」

「私を愛してくれる人に将来必ず出会う！」

心からそうしたいと願うことを、何度も何度も唱えて、潜在意識に幸せなストーリーを沁み込ませましょう。これで、あなたの未来は確実に変わりますよ。

なりたい自分のストーリーを描いて、声に出して読んでみよう。

Chapter:2

15

どうしても許せない人がいる／被害者意識

あなたの心身に最大のダメージを与えるイヤな感情は、なんだと思いますか？

それは〝**怒り**〟。

「ちょっとムカつく」という程度ならともかく、「死んでも許せない！」と憤慨するような恨みや憎しみをともなう怒りはサイアクです。

以前、ふられたショックで会社にいけなくなったという女性から、こんな相談を受けたことがあります。

「私をボロ雑巾のように捨てた男が憎くてたまりません。どうしても復讐したいんです」

「何に対して復讐したいんですか？」

「あいつは結婚の約束までしてたのに浮気して、今はのうのうとその女と暮らしています。私は結婚の夢も、仕事も失って、不幸のどん底。もう死にたい気分なのに！」

「そうですか……、**死にたいほどの憎しみや不幸から抜け出したいんですね。うまく抜け出せたら、もう復讐はしなくてもいい**ですか？」

するると、彼女は小さくうなずきました。

彼女を復讐に駆り立てたものは、強い怒りでした。怒りが憎悪に転じて、それが重石のように心全体を沈めていたのです。

一番の特効薬は、心をズタズタに切り裂いた怒りを癒すことだと思いました。

「あなたの心を回復させるものは、復讐ではなくて〝許し〟ですよ」

すると、彼女はとんでもないという顔で「許すなんて絶対できません」と言いました。

「彼のことではありません。許すのは、あなた自身です」

「私……？」

「そう。悲惨な体験をした自分自身を許すのです。それができたら、心は回復します」

あなたは、家族や他人と親密にかかわって生きていくなかで、心を深く傷つけられて「どうしても許せない！」と感じたことがありますか？

どうしても許せない！
どうして私がこんな目に!?

被害者意識

そのときは、たぶんかわいそうな自分を哀れんで同情したことでしょう。

けれど、**じつは許せないという感情の根っこにあるものは、「私の人生、こんなはずじゃなかった！」「どうして私がこんな目に遭うの！」という自分自身に対する怒り**なんですね。

その怒りのやり場がないから、加害者と思しき相手を憎むのです。

加害者が見当たらないと、世の中を憎んだり、自分が生まれたことを憎む場合もあります。

でも、そうやって自分が**被害者に収まっているあいだは、苦しみから逃れることはできません。**

「許すものか」「仕返ししてやりたい」という感情は、あなたをますます疲弊させるからです。

被害者意識から抜け出すと
苦しみは消え、前に進める

一刻も早く被害者意識から抜け出して、傷ついた自分を受け入れましょう。

つらい体験をした自分自身を許すことが、前に進む唯一の方法なのです。

あなたが自分に注ぐ最大の愛は〝許し〟なんですよ。

最高の復讐は、あなたが幸せであること。
あなたなりの「幸せ」を考えてみよう。

Chapter:2

16

許せない「痛み」を、成長の「糧」に変える

もしも天災に遭ったならば、怒りに翻弄されず、「これはもう受け入れるしかない」と腹をくくることができるかもしれません。

でも、**人からひどい仕打ちを受けると、「許せない」という感情をなかなか振りほどけなくなる**のはどうしてでしょうか……。

天災も人災も、人生で思いがけず出くわした災難という意味では同じはずなのに、簡単に人を憎んで自分が苦しみから逃れられなくなってしまうのです。

私は39歳で離婚したとき、その苦しみをイヤというほど体験しました。

このまま憎しみを持ち続けたら自分がダメになると思い、必死になって心の傷を癒してようやく立ち直ったとき、「私というひとりの人間を成長させるために、元夫は妻を裏切ってボロボロにするという役割を果たしたんだ……」と感じたんですね。

それ以来、許せない痛みに対する考え方が変わりました。

「悲惨な目に遭ったからといって相手をうらんでも仕方がない。人生は、どこかでだれかが憎まれ役を担ってそれぞれが成長できるようになっている。その意味では『お互いさま』なんだ。自分が人間として成長すれば、憎まれ役を担った人にもきっと感謝できるようになるだろう」と。

そこで提案です。あなたも一度、この考え方を受け入れてみませんか。

――私はひとりの人間として成長するために生まれてきました。**成長するためには〝教材〟が必要だから、苦手な人が現れたり、イヤな出来事が次から次へと起こるけれど、**私はそれを受け入れます。

すると、「つらい体験はすべて成長の〝糧〟にして強くなろう」という意志が芽生えて、気に入らないことをいつまでも根に持ったり、絶望したりしなくなりますよ。

人生に予期しない災難が降りかかるのは、**順風満帆なときにはだれも「自分を変えよう」とは思わない**からです。

ところが、**嵐に巻き込まれてにっちもさっちもいかなくなると、「自分が変わらないことには前に進めない」とわかって謙虚に学ぼうとします。**

私たちはみんな、そんな体験をくり返して少しずつ成長していくのです。

つらい体験から学んだことを抽出すれば、
自分を許せるようになる

成長すると何が変わるかというと、不本意な物事を受け入れられるようになります。それと同時に、どんな自分も認めることができるようになって、少しずつ〝許す〟という愛の本質に目覚めていきます。

許すことは、幸せに生きる術を身につけることにほかならないのです。

だから、**あなたがだれかを「許せない」という怒りを覚えることは成長の一環で、不幸な出来事ではない**んですよ。

ただし、いつまでもその出来事にこだわり続ければ、傷口を広げるだけです。

もし、いまだに許せない人がいたら、それほどの痛みを味わった自分を許しましょう。

許すということは忘れること。記憶には残っても、心のなかからは消去する。たとえ思い出しても、同じ憎しみにかられないようになることなのです。

心に引っかかっている古い怒りは一日も早く手放して、新たな一歩を踏み出しましょう。

許せない痛みから、得たことや学んだことを、考えてみよう。

Chapter:2

17

自分に自信がもてない／理想と現実のギャップ

「自分に自信がもてない」というイヤな感情を知らない人はいないと思います。

あなたもその痛みはよく知っているでしょう？

では、それと正反対の**「自分に自信がある」とはどういう状態**なのでしょうか。

「自信に満ちあふれていたら、怖いものがなくなってなんでもできるに違いない」と思いますか？

私のもとに寄せられる相談は、自分に自信がもてないことがネックになっている悩みが圧倒的です。なかにはこんな相談も……。

「恋人からプロポーズされましたが、ずっと愛される自信がありません。彼のことは好きですが、こんな気持ちで結婚していいんでしょうか」

彼女は心の底で、結婚という**〝一番ほしいもの〟を失うことを恐れていた**のです。

もし結婚生活が破綻したら、その痛手から立ち直れないとおびえていたんですね。

そんな想いにかられると、人はどんな反応をすると思いますか？

「はじめから結婚しなければ、一番ほしいものを失うこともない」と考えます。

それで「結婚したいのに、したくない」という矛盾した感情の狭間で、どうするべきかわからなくなってしまったのです。

自分が真剣に手に入れたいと思う物事ほど、それが指のすき間からこぼれ落ちたときのことを想像してこわくなり、尻込みしてしまう……。

これが、**自信のなさが作り出す〝思考の罠〟**なのです。

知らないうちにこの罠に引っかかると、恋に落ちても最初からうまくいく気がしなかったり、重要な仕事を任されてもやり遂げられない気がする、という現象が起こります。

そして、ちょっと壁にぶつかっただけですぐ物事をあきらめるようになって、ついには一番ほしかった〝好きなように生きる人生〟まで断念してしまうのです。

これはなんとしても避けたいこと。

でも、この罠の存在を知ったあなたは、もう大丈夫です。

自分に自信がもてない痛みに、心をもっていかれないようにしましょう。

自分のいいところ20コ

そこで、**自信のあるなしは横に置き、〝好きなように生きる人生〟について今考えてみて**ください。

好きなように生きる人生をイメージすると、そこに理想の自分、しかもかなりのスーパーレディを思い浮かべませんか？

もし、それが現実の自分と大きく隔たっていたら、残念ながら、好きなように生きることはむずかしいでしょう。

なぜなら、**現実の自分を「これじゃダメ。こんな私は認められない！」と否定すればするほど自信を失っていく**からです。そして、現実の自分と理想の自分のギャップに苦しむようになるんですね。

自分に自信がもてない痛みは、現実の自分を受け入れられない痛みだったのです。

大事なことは、目の前の自分をいっさい否定しないで、両手を広げてしっかり受けとめることなんですよ。

自分のいいところ、得意なことを、20コ書き出してみよう。

Chapter:2

18

自己否定をやめて、達成感を集める

何かというと〝デキる人〟と〝できない自分〟を比べて、「私はダメだ」と落ち込む傾向がある人は、こんなふうに考えてみましょう。

「仮に、**この世界に自分ひとりしかいなかったら、ダメも何もない。自分のすることがすべて**で、それが人生を創っていく。そう考えて、ほかの人を見ないでやればいいいんだ」。

あなたは、**人に勝つと〝自信〟がみなぎるわけではない**んですね。

だれかに勝ったからといい気になるのは〝おごり〟です。それは、次に負ければ一瞬で打ち砕かれるでしょう。

おごりと自信は、まるで違います。

自信は、「絶対に手を抜かないで、この私を使い切る！」という覚悟から生まれます。

自分がやるべきことに〝悔いを残さない覚悟〟があれば、自信は自然についてくる

ものなのです。

それで自信が持てると言うなら、本当かどうか試す価値はあると思いませんか？

どんな小さなことでもかまわないから、自分がやるべきことを「絶対に手を抜かないで、この私を使い切る！」と覚悟してやってみましょう。

悔いを残さない覚悟がビシッと決まれば、あなたはときを惜しむようにして動きはじめるはずですよ。

そうやって、**自分を使い切ったときに得られるものが〝達成感〟**。

身のまわりにある些細なことに手を抜かなければ、そのひとつひとつから小さな達成感を得られます。それをできるだけたくさん集めてください。

日ごろから「本当はこうしたほうがいいのにな」と思っていることを、ぜひこの機会にやりましょう。

たとえば、

・うれしいことはその場で伝える。同様に、お礼状はその日に書く。

日常のささいなコト

・うれしかったら、その場で伝える
・今日は陰口を言わない
・自分から人に挨拶する
・笑顔で仕事する

・陰口には参加しない。むしろ、陰ボメを率先してやる。
・自分から人に挨拶する。必ず相手の顔を見て返事を言う。
・与えられた仕事は笑顔でこなす。家事は鼻歌でこなす。
・寝る前に、今日よかったことをひとつ思い出して感謝する。

あなたは、約束をきちんと守ってくれる人が好きでしょう?

「信頼できる」という気がしていいですよね。

小さな達成感を得られたときは、自分との約束を守れたとき。

それで、**小さな達成感をたくさん集めていくと、その字が示すように〝自分への信頼〟、つまり〝自信〟を育むことができる**のです。

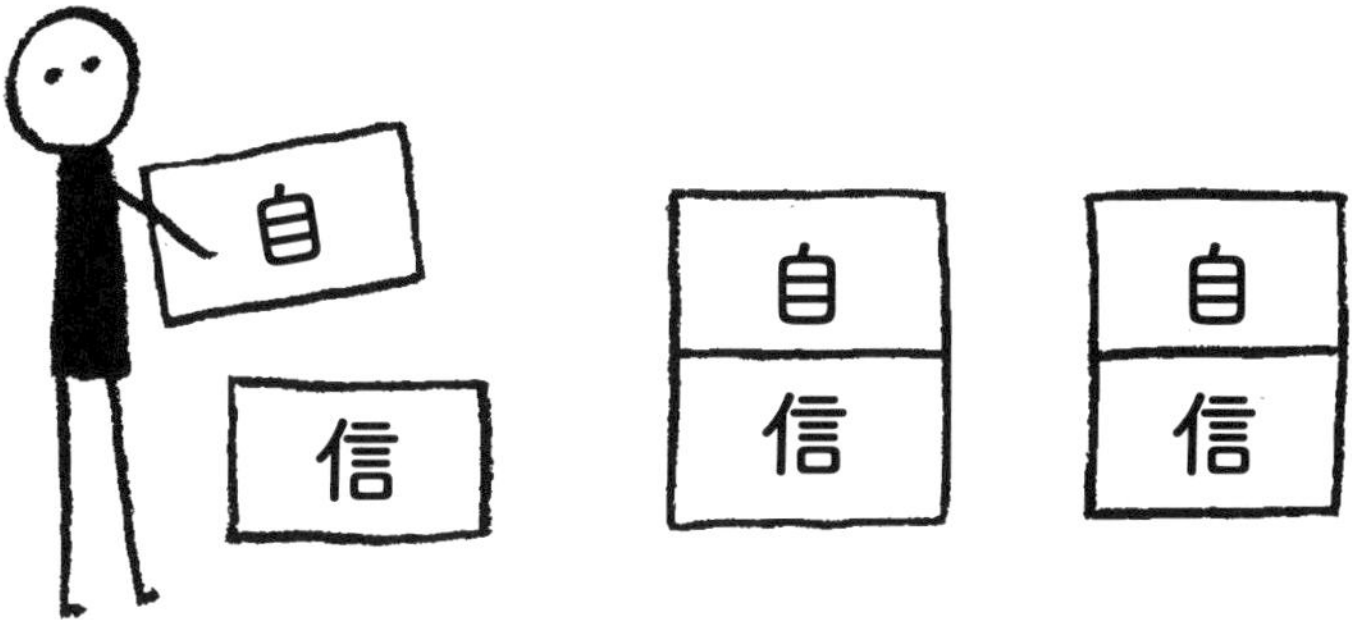

たまに手抜きをする自分がいても、あわてることはありません。**その都度、自分を使い切る覚悟をし直しましょう。**

そうやって自分への信頼を高めていくと、夢を叶えるために自分を使い切る覚悟が生まれて、それに見合う自信がきっと芽生えてきますよ。

簡単にできる目標を立てて、ひとつひとつ達成していこう。

Chapter:2

19

将来が不安でたまらない／悲観的に考える癖

ちっとも思うように生きられない……。そんなもどかしさを抱えて、将来が不安でたまらなくなったことはありませんか？

「先のことはわからないし、うまくいく保証なんてどこにもない。いや、うまくいかない可能性のほうが高いかもしれない」と思うと、どうしても物事を悲観的に見るようになります。

そのせいで、**なんでもかんでも不安の材料にして、将来を暗く考える癖をつけないようにしましょう。**

その癖は、自分の夢ばかりでなく、大切な人の夢までつぶしかねないから。

そんな癖を持ったAさんに、親友が相談を持ちかけました。

「私はＯＬには向かないから、きっぱり会社を辞めて、スポーツジムのインストラクターを目指そうと思うの。どう？」

転職と聞いて、Ａさんは急に不安になります。

「今よりお給料が下がるんでしょう？」

「うん、だけどお金の問題じゃないから」

「ジムのインストラクターって、歳を取ったらできないよね？」

「まあね、そのときはそのとき。専門知識があればどうにかなるよ」

「……そんなリスクを犯してまで、会社を辞めたい？」

「辞めたいんじゃなくて、夢を叶えたいの！」


親友の夢を応援したい気持ちは山々なのに、**すべてを悲観的に見てしまうのは、いつも自分とそんな対話をしている証拠**なんですね。

明日のことはだれにもわからないから、**だれの胸にも不安があるのは当然**です。**問題は、胸に不安があることではなく、その不安をつついて悲観的な想像をふくらませること**なのです。

あなたにも覚えがあるでしょう？　どうにかこうにか自転車に乗れるようになったころ、**「電柱にぶつかっちゃいけない」と意識すればするほど、電柱にぶつかっていいっ**

たこと。

ぶつからないコツは、電柱には目もくれず、行きたい地点をしっかり見て、そこに意識を集中することだったのです。

自転車の運転を人生の運転に当てはめると、**電柱は「そうなったら困る」という不安、行きたい地点は「こんな将来にしたい」という希望**です。

「不安をつついちゃいけない」と思えば思うほど不安になり、ついにはそうなったら困ることを現実に引き寄せてしまいます。

不安は、浮かんでもいちいち取り合わないで放っておくに限ります。その代わり、「こんな将来にしたい」という希望に意識を合わせましょう。

まだ起きてもいないイヤなことを想像する時間を、そ

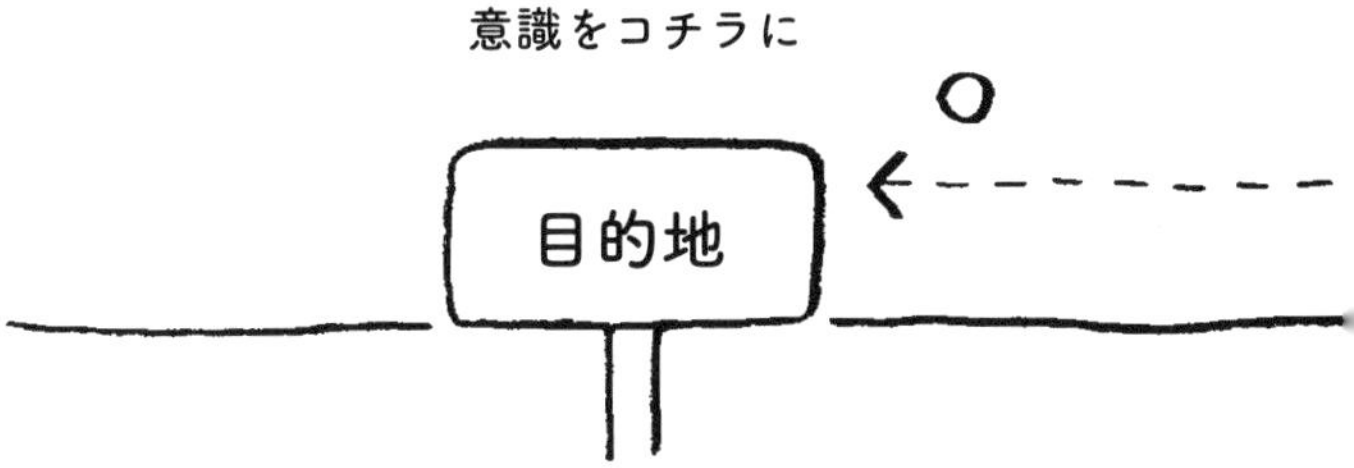

うなってほしいことを想像する幸せな時間に変えるのです。

想像力は、創造力ですよ。

起きているあいだ、少しでも明るい未来を想像して、それを現実に引き寄せましょう。

〝電柱〟のことを考えそうになったら、その向こうにある目的地と行き方を考える癖をつけよう。

Chapter:2

20

不安を勇気に変えて、希望をかなえる

あなたの不安は、何もしなければ、たぶん明日もあるでしょう。

でも、**“今日”何かを変えれば、明日は違う未来**がやってきます。

今ある不安を未来に持ち越さないようにしましょう。


それは少しもむずかしいことではありません。**あなたは幼いときから、そうやってひとつずつ不安を乗り越えてきた**んですよ。

たとえば、「自分は九九を最後まで言えるようになるかなぁ」という不安がもうないのは、幼いときにがんばって覚えたからですよね。

「一人で電車に乗れるかなぁ」「一人暮らしはできるかなぁ」「一人で海外にいけるかなぁ」「いい恋ができるかなぁ」……どの不安も同じ。

「こうなりたい」と望んだ時点で、そのときの不安に負けないで新たな行動を起こして未来を変えてきたのです。

これからはどんな不安からも、もう逃げる必要はありません。

むしろ、不安を逆手に取り、それを力に換えて、ほしい未来を手に入れましょう。

不安はどんな力に換えられると思いますか？

〝勇気〟です。

不安と勇気は、背中合わせの陰と陽のエネルギーだから、あなたの胸に不安が尽きないということは、勇気も尽きないということ。

「うまくいくかなぁ」と不安になったら、「こうする！」「こうなりたい！」という到達点のイメージを盛り上げると、勇気にスイッチが入りますよ。

新たな行動を起こすのは、「いつか」ではなく「今のうち」。

今を大切にすると、あなたは人生の司令塔になれます。

「今晩は何を食べようか」から「一年後はどんなライフスタイルにするか」「どんな私になるか」まで、**あなたの希望を叶えるスーパータイムは、常に〝今〟**だからです。

一度、**将来の希望を、思いつく限り書き出してみましょう。**

それに優先順位をつけて、一位から五位までの希望が叶ったときの映像を、一日に

希望

- 九九おぼえたい！
- ◯◯を食べたい！
- 夏休みは◯◯に行きたいな！

←

不安

- 九九おぼえられるかな…
- 食べていけるだろうか…
- 休みが取れないかも…

一回、くつろいだ状態で細かく思い描くのです。

細かくとは、まるで映画でも観ているように具体的にということ。

たとえば、「ひとりぼっちになりたくない」という不安は、「仲間と笑い合っている自分」や「恋人と手をつないで微笑んでいる自分」の映像に。

「これ以上、太ったらどうしよう」という不安は、「スリムになって喜んでいる自分」や「太ってても愛してると恋人に抱きしめられている自分」の映像に変換しましょう。

すると、ウキウキ弾んだイメージが潜在意識に伝わります。

あなたはいつでも不安を勇気に換えられる、とお伝えしました。

その勇気が、眠っている潜在能力を引き出し、ウキウキ感を叶えるアクションを生み出すのです。

今抱えている「不安」を書き出して、
ひとつひとつ「希望」に言い換えてみよう。

選んだ感情が
「自分」をつくる

CHAPTER

3

自分の感情を伝える

Chapter:3

1

「何をどう伝えるか」が、自分らしさを形づくる

長いあいだ心に影を落としていた痛みに気づき、心を整えることの価値と、その必要性を理解していただけましたか。

ひとつずつ古傷を癒して心を整えていくと、新たなエネルギーがわいてきます。

そのエネルギーを爆発させて〝あなたらしさ〟を発揮しましょう。

このチャプターでは、感情を「伝える」方法を考えます。

「伝える」ことは、「自分を表す」こと。

「人間は自分らしさを表現するために生まれてくる」と言われるくらい、本来、自分を表現することはワクワクする楽しいことなのです。

そう言うと、「まだ楽しめない」とあなたは首を横に振るかもしれませんが、それは「自己表現はむずかしい」という概念が頭にこびりついているせいだと思います。

これまであなたは、**「人にわかってもらうために苦労し、わかってもらえないとイ**

ヤな感情に陥り、自分を表せなくなる」という悪循環のなかにいました。

けれど、心を整えた時点で、「抑圧していた感情を解き放ち、それを人と分かち合い、本当の気持ちを伝えることを楽しむ」という生き方を選んだのです。


自己表現に苦労したのは、過去のあなた。

今のあなたはすでに違います。


それでもまだ人にわかってもらえるかどうか、気になりますか？

では、気になっても、気を取られないようにしましょう。**気を取られると、ビクビク、オドオド、チョロチョロとしか自分を出せなくなってしまう**から。

本当の気持ちを表してこそ、分かち合いが叶うのです。

あなたが生身の人間として、喜び、悲しみ、怒りさえも堂々と明かせるようになることがとても重要なんですよ。


自己表現を楽しむポイントは二つ。

「**本心はあふれる感情のなかから選び取るもの**」と先にお伝えしましたが、選び取る

感情は選びとるもの

いろいろ混在する感情のなかから、何を選びとるか

感情によってあなたが何者かということと、人に与える印象が決まります。

そこで、**「自分は何者でいるか」を楽しむのが一つ。選び取った感情を「どうやって自分らしく表すか」を楽しむのがもう一つ。**

「だったらイヤな感情は避けないと……」と案じることはありません。

心にある喜怒哀楽のすべてを楽しみましょう。**どんな感情でも、それを自分なりに工夫して見せればいい**んですよ。それが〝あなた〟を表現するということだから。

たとえば、自分が好意でしたことを否定されたとします。イヤな感情がワーッと噴き出したとき、あなたはどの感情を選ぶでしょうか。

“自分”を表現するということ

選んだ感情をどう伝えるかは、あなたの自由

怒り？　悲しみ？　抵抗？　失望？
もし怒りを選んだら、それをどう表現するでしょうか。
ところかまわず泣く？　ほかのことにぶつける？
切々と相手に説く？
「そんなことって自由になるの？」と思うかもしれませんが、なります。
それが「自分は何者でいるか」を決めること、あなたらしさの創造なのです。

どの感情を選びますか？
どうやって伝えますか？
それが新しいあなたを作ります。
感情を選ぶこと、伝えることを、
楽しんでください。

Chapter:3

2 自分を表す楽しみを持つ

普段あなたは、言いたいことの何パーセントを人に言えているのでしょうか。半分くらい？　半分も言えてない？　場合によっては二〇パーセント？

あなたが「言いたいことを言うのは、ほんとにむずかしい」と思っているとしたら、発想を変えましょう。

「私は言いたいことを言えるように、これからなるのだ！」って。

最初に知ってほしいのは、**「伝える」と「伝わる」は別ものということ。**

あなたがどんなに言葉を駆使して気持ちを伝えても、相手には必ず自分流の解釈があり、どう反応したいかというそのとき気分だってあるのです。

だから「がんばって伝えれば、どんな気持ちも伝わる」と期待すると、そうでなかったときにがっかりしてイヤな感情を抱きます。

でも、最初から「**がんばって伝えることに意味がある。それでも伝わらないときもある**」と割り切っていれば、触れ合いを楽しむ余裕が生まれます。

この余裕が、不本意な反応をされても相手を受け入れる寛大さを生み、結果として、あなたの好感度をアップさせるんですよ。

次に、**「伝える」とき、足を引っ張る〝思い込み〟を取り除きましょう。**

「自分は口下手で人見知り。言いたいことを伝えるのにものすごく苦労する」と感じている人は、「人並みにペラペラ話さなくてはいけない」と思い込んでいる場合がとても多いのです。

とつとつと話そうが、言葉少なに語ろうが、「これが私の個性！」と自分に対して温かい感情を持っていると、それは全然問題ではなくなるんですね。

そんな意識で、自分をかばいながら一生懸命話す態度は、はたから見れば微笑ましく映ります。それがあなたの魅力になるでしょう。

もう「口下手」「人見知り」という概念は要りません。それより、どんな態度で気持ちを伝えるのが望ましいか、それを考えましょう。

本心を表す言葉がとっさに出てこない、という人には名案があります。

気持ちを伝えたい相手に「手紙を書く」のです。

気持ちを伝える練習

1

伝えたい相手に「手紙」を書く

投函するためでなく、
表現を磨くため
誰にも読まれないから、
恥ずかしくない

2

書き終えたら、またもう1通手紙を書く

より気持ちに
フィットする
言葉はないか
より素直な表現はないか

3

相手を変えて、たくさん手紙を書く

自分らしい表現が
浮かぶようになる
気持ちを
表すことになれる

投函するためでなく、表現を磨くための手紙です。人に見せないのだから、評価されることもありません。安心して胸のうちをつづってください。

書き終えたら、その手紙を前に置いて、もっと本心が伝わるように別の紙に書き直します。

次の日も、その次の日も、より気持ちにフィットする言葉はないか、より素直な表現はないか、と模索しながら何度でも書き直しましょう。

そのうち必ず、「これこれ!」という自分らしい表現が浮かぶようになるから。

相手を変えて、たくさん手紙を書いてみてください。本当の気持ちを表すことに慣れて、そういう言葉と親しむほど表現力は豊かになっていきます。

すると、いつでも、自然に自分らしい表現が口を突いて出るようになりますよ。

気持ちを伝えることは、だれにとっても簡単ではありません。
でも、難しい＝楽しくない、ではないですよね。
「伝えることは、難しくて楽しいこと」と考えてみてください。

Chapter:3

3

気持ちを伝えるのは、言葉だけじゃない／第二の言語を磨く

「好き」の反対は何だと思いますか?

「嫌い」ではないんですね。

心理学では、「好き」の反対は「無関心」。「嫌い」は「好き」になれなくてもがいている状態ととらえます。

あなたが自分に対して無関心になると、口では「自分なんかどうでもいい」と言いながら、胸の奥はやりきれないむなしさに苦しむでしょう。

なぜなら、あなたは**自分に無関心になることも、自分をやめることもできない**から。

私たちのひとりひとりが、死ぬまで〝自分〟の総責任者であり、総監督なのです。

だから、自分のどんな小さなことにも関心を払ってしっかりケアしましょう。

あなたは、自分の〝第二の言葉〟にどのくらい関心がありますか?

一度、ほかの人と話しているときの自分をじっくり観察してみてください。

チェックするのは、「目線」「声のトーン」「表情」「ジェスチャー」の四点。

どれも自己表現を手助けし、あなたの印象を左右する大事なものです。しっかり監督してそれぞれの精度を上げましょう。

〈一点目〉目線

あなたは会話中、相手の目をどの程度見ますか？

「目は心の窓」と言われるように、目線はあなたを語る貴重なパーツ。

目線はときどきはずす程度、九割は相手の目を見て会話をするのがベストです。

うつむいていると「暗い」、そっぽを向いていると「不誠実」、相手の目を凝視すると「こわい」という印象を与えてしまいます。

ぼんやりと「顔全体を眺める」ように心がけましょう。

〈二点目〉声のトーン

高いキンキンしたトーンは、どうしても聞く側が疲れてしまいます。かといって、ボソボソ話す低いトーンは聞き取りにくいし、盛り上がりに欠けますよね。

そもそも声の魅力は何かというと、美声かどうかではなく、声色。メリハリなのです。

声にも表情をつけて、適度に張ったり、ときにはささやくように本音を言えば、相手はきっと話に引き込まれますよ。

目線

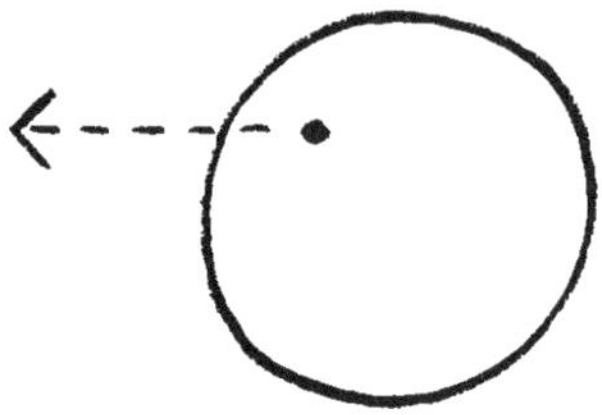

ぼんやりと顔全体を眺める

声のトーン

張ったり、ささやいたり、
メリハリを大事に

表情

笑うときは目も笑う

ジェスチャー

話すときは、身振り手振り
聞くときは、大きくうなづく

〈三点目〉表情

こわばった表情より、柔らかい表情が好まれるのは明らかですが、初対面など、どうしても緊張する場面はあるものです。

そんなときは笑顔で勝負！　口だけで笑うと不自然な表情になるので、必ず目も一緒に笑いましょう。

目元が笑うと人なつっこい表情になって、それが相手を安心させるのです。

〈四点目〉ジェスチャー

出会った瞬間、あなたが両手を広げて迎え入れるジェスチャーをしたら、それだけで相手に「歓迎してる」と伝えることができます。

話すときは身振り手振りを加え、聞くときは大きくうなずいて相づちを打ちましょう。ジェスチャーは無言の言語。全身をフルに使って〝あなた〟を表現してください。

もし自分を「口下手」と考えているなら、言葉以上にこの4点に意識を向けてみて。

Chapter:3

4

NOを気持ちよく伝える方法

「また安請け合いしちゃった。今さら断われないし……」

こんなイヤな感情にどっぷり浸って後悔したこと、ありませんか？

あとから後悔するくらいなら、その場で「NO」と言えるようにならないと、心は消耗するばかりです。

「そんなことは何度も体験してわかってる」と反発したい気分ですか？

たぶんあなたの心には、「断るのは悪い」「断って機嫌を損ないたくない」「冷たいと思われたくない」……そんな想いがあるのでしょう。

けれど、相手の期待に応えることよりも、ずっと重要なことがあります。

それは、だれにも「自分の心の自由を奪わせない」ことなのです。

そのためにも、感じのいい「NO」の伝え方を覚えましょう。

それは〝**私のせい**〟**にして断るという方法**。

相手は「自分のせいで断られた」と感じれば気分を害します。それが尾を引いて関係がギクシャクすることは避けたいですよね。

そこで、**断るときは「100パーセント自分のせい」にして、あやまりながら引き下がる**のです。

たとえば、飲み会の誘いを断るときは、「私っていつも間が悪いんだから。今日に限って予定を入れちゃった、ごめんね」

借金の申し入れを断るときは、「役に立てなくて申し訳ないんだけど、うちの唯一の家訓は『お金は借りるな、貸すな』。悪く思わないでね」

こんな具合に、たまには「嘘も方便」と割り切って、断られる側の心の負担を減らすようにしましょう。

「私っていつも間が悪い」と「役に立てなくて申し訳ない」というのは前置きです。いわば**枕詞**。**これをひと言入れるだけで、断るときだけでなく、何かお願いするときも言いやすくなりますよ。**

枕詞は、相手の立場に同調して〝理解〟を示す、思いやりの言葉なのです。

だから、最初にそれを伝えてから本題に入るようにしましょう。例をあげると、

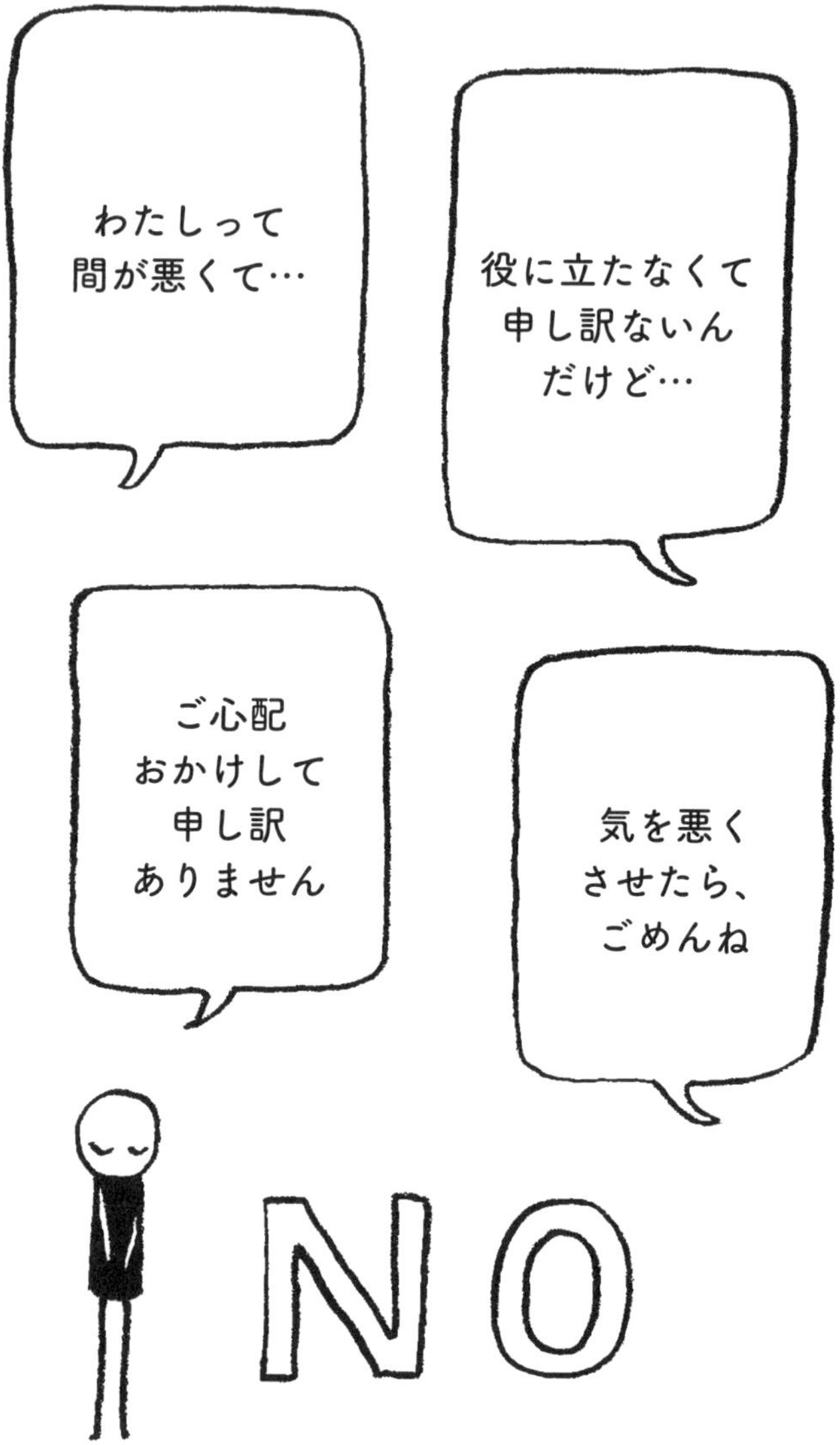
わたしって間が悪くて…
役に立たなくて申し訳ないんだけど…
ご心配おかけして申し訳ありません
気を悪くさせたら、ごめんね
NO

（恋人に）「仕事が忙しいのはよーくわかってるつもり。でも、心配だからもう少しマメに連絡して」

（友だちに）「気を悪くしないで聞いてね。今回はすでにメンバーが決まってるの」

（上司に）「ご心配をおかけしてすみません。いい報告ができないことをどうかお許しください」

後半の本題をいきなり言い出されるより、ワンクッションあったほうが、聞く側は受け止めやすくなると思いませんか？

枕詞を添えるのは、「少しでも相手を傷つけたくない」という心遣いです。

事前に準備ができるときは、相手の気持ちになって真心で言葉を選びましょう。

また、上司や親に「NO」を伝えるときは、枕詞もさることながら、敬意を込めて〝叱られる覚悟〟をすることも大事ですよ。

NOを言うときは〝自分のせい〟、お願いするときは〝相手への気遣い〟を枕詞に。

Chapter:3

5

キレずに怒りを伝える方法

あなたは、頭にカーッと血が上って「言いたいことを言えなかった」とか、「言わなくてもいいことを口走ってしまった」という経験はありませんか？

私たちは自分がキレたとき、いっそう「伝える」ことのむずかしさを実感するものです。

それは、一時的に自分を見失い、心のなかが見えなくなって「一番言いたいこと」や「大事にしたい気持ち」がわからなくなるからなんですね。

それで感情に任せてその場限りの言葉を吐き、相手の心を傷つけてしまうのはとても残念なことです。

キレたら、とにかく心を落ち着かせることが先決。興奮が収まってから、言いたいことを言えばいいのです。

怒りを鎮める方法を三つお伝えしますので、ぜひ役立たせてください。

1深い呼吸をする。

頭に血が上ると、心臓の鼓動が早くなって呼吸が乱れます。よく「頭が真っ白になった」って言いますが、あれは酸欠状態のたとえなんですね。急ぎ、酸素を補給しましょう。大きく息を吸って、吸った息をゆっくり吐く。この深い呼吸を数回くり返すと、頭にも酸素が行き届いて血が下がり、自然に心が落ち着いてきます。

キレそうになったら、「何を言おう」と考える前に最低五回、深呼吸しましょう。


2水を飲む。

伝えることとはまったく別の「水を飲む」という動作をします。そのあいだに頭に上った血を下げるのです。

水でなくてもかまいませんが、冷たい飲み物のほうが内側からも冷却して興奮を収めるので、温かい飲み物より効果的です。

ただし、動作はゆったりですよ。乱暴に一気飲みしてコップをたたきつけるように置いたのでは、まったく意味がありません。

キレそうになったら、「のどがカラカラ」と言っておもむろに水を含みましょう。

心を落ち着ける方法

1
深呼吸する

2
水を飲む

3
自分の今の状態を
言葉にする

3今の状態を言葉にする。

一時的に自分を見失った状態で、気持ちを適切に語ることはできません。そんなときに本音を探るより、今の状態を告白するほうが誤解や衝突を避けられます。

「頭に血が上って、気持ちをうまく言えない」とか「今は自分を見失っているから、話さないほうがいいと思う」と、自分の状態を正直に伝えましょう。

そうすれば、相手は待ってくれるかもしれないし、場合によっては助けてくれるかもしれません。

キレそうになったら、「キレそうだから待って!」というほうが賢明ですよ。

もし自分が、キレそうではなく、完全に**キレてしまったときには、「今は冷静に話せる状態ではないから、あとで連絡する」という旨を伝えて、とにかく頭を冷やすこと。**

頭にきた勢いで言葉を吐くことだけは極力控えてくださいね。

ひとりの空間で心と対話して、一番伝えたいことは何かをしっかり掴みましょう。

キレそうになったら、「間を置く」ためのスイッチを用意しておこう。

Chapter:3

6

言いにくいことは、〝アイ・メッセージ〟で

「本当の気持ちをフランクに言い合えるようになったら、心の距離をもっと縮められるのに……」と頭ではわかっていても、いざとなると思うようにできない。

「自分は人なつっこいほうではないし、相手もどこかよそよそしい気がする。やっぱり本音は言いにくいなぁ」と躊躇する人が大勢います。

あなたもそのひとりでしょうか。

相手が聞いてうれしいことなら、どんな伝え方をしても喜ばれるものです。

むずかしいのは、言いづらいことを伝える場合だと思います。

それだから、恋人でも、友人でも、仕事仲間でも、言いづらいことをうまく伝えられるようになると、よりいい関係を築くことができるんですね。

それにはちょっとしたコツがあるのです。

「感情を伝える」ことは、「感情をぶつける＝感情的になる」こととは違います。

私は若気の至りで、付き合っていた人に「ほんと自分勝手ね。もうイヤ！」と感情をぶつけたあと、「言いたかったことは違う。『いつも仕事優先ね。でも、デートのドタキャンはしないで』って言いたかったのに……」と唇を噛んだことがあります。

しかも本音は、「さみしいから私を放っておかないで」だったのです。

あのとき、もっと上手に本音を伝えられたら、彼を不機嫌にさせて「おれだって忙しいんだ！」と言い返されることはなかったでしょう。

相手の出方を変えるものは、自分の出方（言い方）なのです。

本音を伝えるコツは〝アイ・メッセージ〟。アイは自分のI、私を主語にして伝える方法です。

反対は〝ユー・メッセージ〟。あなたを主語にした言い方です。

わかりやすいように、二つを対比させてみましょう。

「あなたはどうしてすぐメールの返事をくれないの」がユー・メッセージ。

「私はメールの返事がもらえないと心配で何も手につかないの」がアイ・メッセージ。

もう一例、仕事の仲間がミスをした場合、

「あなたが注意散漫だから、こんな結果になったのよ」がユー・メッセージ。

I

- 私はメールの返事がもらえないと心配
- もう少し気をつけてくれたら、わたしは助かる
- 協力してもらえたら、わたしはうれしい
- 私ははそう言われて傷ついた
- タバコの煙が私は苦しいです
- 私はもう少し薄味が好き

You

- どうしてメールの返事をくれないの？
- あなたが不注意だから、こんな結果に
- あなたは全然協力してくれない
- あなたはイジワルなことを言う
- タバコを吸うのを止めてください
- あなたの料理は辛すぎる

「私がうまくフォローできなくて、こんな結果になって悪かったわ」がアイ・メッセージ。印象の違いがわかりますか？

不満をユー・メッセージで伝えると、どうしても相手を責める口調になりやすいのです。それで相手は反発したり、心を閉ざしてしまうこともあるんですね。

かたや**アイ・メッセージは、自分の状況や感じていることを伝えるだけなので、相手は責められた気がしません**。その分、あやまりやすくなったり、言われたことを受け入れやすくなるのです。

あなたが言いづらいからと我慢しても、その不満がどこかで態度に出れば、お互いイヤな想いをするでしょう。

いい関係を築くために必要なものは、我慢ではなく、賢い伝え方ですよ。

本音を伝えても後味の悪くならない〝アイ・メッセージ〟を活用しましょう。

「私は〜」で考えることは、自分の気持ちを自分でつかむことにもつながります。

Chapter:3

7

〝地味で存在感のないわたし〟でも、認めてもらえる？

若い女性から、こんな相談を受けたことがあります。

「私はとくべつ美人なわけでも、特技があるわけでも、おもしろい話ができるわけでもありません。それで印象が薄いのか、名前を憶えてもらえないとか、存在を忘れられて自分だけ意見を聞かれないことがあって、すごく落ち込みます。自分の存在をほかの人に印象付けるにはどうすればいいですか？」

よくても悪くても〝普通〟を超えたものは印象に残ります。でも、それは容姿や話のおもしろさに限ったことではないんですよ。

あなたは自分を「地味で、どちらかというと存在感が乏しい」と思っていますか？

もしそうなら、**自分のなかにある〝何〟をアピールすれば、普通以上のインパクトを与えられるか**ということを考えましょう。

それは、ずばり〝好感〟です。

その人が自分に放った好意は、記憶に残る大きなもののひとつなんですよ。

あなたの印象が希薄な原因は、もしかすると会話中に「素直に相手への好意を表してない」ことにあるのかもしれません。

思い出してみましょう。あなたが出会った人のなかで記憶に残っているは、どんな印象を受けた人でしょうか。

容姿抜群？　話がおもしろい？　……それだけではないはず。

地味だけど「とっても感じがいい！」とか、目立たないけど「いい雰囲気の人」という印象を受けた相手は、顔を覚えていませんか？

ということは、あなたは今のあなたのまま、自分の好意を「感じよく」「いい雰囲気で」表現すればいいのです。

その極意をお伝えしましょう。

自分の気持ちを表すとき、中身はこの四つに集約されると言われます。

「感謝」「謝罪」「お願い」「好意」。

それぞれのキーワードは、「ありがとう」「ごめんなさい」「助けて」「愛してる」。

あなたが「気持ちを伝えたい」と思ったら、**見合うキーワードをポンと言って、そ**

相手のコト
・そのお洋服
ステキですね
・どちらの
ご出身ですか？
・いいお店を
ご存知ですね
・あなたの○○が
勉強になりました
自分のコト
・私、オシャレ
好きなんです
・私、○○
出身なんです
・あのお店に
よく行くんです
・私、○○が
得意なんです

れから本心を語ればいいんですね。

たとえば、「ありがとう、この前ものすごくうれしかった」とか、「ごねんね、ずっと気になっててあやまりたかったの」というように。

「ありがとう」と「ごめんなさい」は言いやすいけど、「助けて」は苦手という人は、「人に甘えたり、迷惑をかけてはいけない」という概念が染み付いていませんか。

迷惑かどうかは相手が決めること。心を開いて「助けて」と言ったら、やさしい言葉が返ってきて感激した、という人はたくさんいますよ。

また、「愛してる」は好意を表す言葉ですから、「素敵！」「最高！」「すばらしい！」といった称賛の言葉に換えてどんどん伝えましょう。

あなたが出会った人にプラスの感情、つまり相手の魅力やいいところをためらわず伝えれば、聞いた人はまずあなたのことを忘れないものです。

自分のことをアピールするより、相手について思うことを伝えると、ガツガツせず自然に自分をアピールすることができます。

Chapter:3

8

自分で自分のファンになる

あなたは家族や恋人に、面と向かって「愛してる」と言えますか？

テレくさくて絶対言えない？

日本人は一般的にシャイな人が多いと言われますが、テレが原因で自分の気持ちを言いそびれてしまうのは損ですよ。

恋愛に限らずとも、社会生活を営むなかで〝想い〟を伝える機会はたびたびあります。

自己紹介の場、プレゼンの場、上司への報告の場など、自分をアピールする機会には堂々と想いを語れるようになりましょう。

たとえば、交流会で自己紹介するとします。

自分のよさをもっとアピールしたいのだけど、テレが先立って月並みなことしか言えない……という人には、こんな手があります。

親しい人のことだったら、不思議とテレずに言えるでしょう？

そこで**「伝えるのは自分のことじゃない。一番親しい友人のことだ」と暗示にかけ**

るのです。

一番親しい友人のことを、責任を持って伝えようとすれば、**「テレてる場合じゃない。何を伝えたらファンになってもらえるか」という視点で言葉を選りすぐる**でしょう。

これがけっこう効くんですね。自分のよさを一番よく知っているのは自分だから。「私は人前に立つと恥ずかしさで胸がいっぱいになって、自己紹介はいつも『性格は明るいほうです。趣味はお料理です。よろしくお願いします』と言うのが精一杯なんです」という女性がいました。

そこで、先の発想でファンになってもらいましょう、とアドバイスしたら、ずいぶん内容が変わりました。

「性格は明るいほうです。おもしろいとさらに陽気になります。趣味はお料理なのでパーティの裏方にはもってこい。楽しいイベントをするときはぜひ誘ってください」。

かつてマラソン選手として活躍した有森裕子さんが、アトランタ五輪で持てる力を出し切って三位でゴールした直後、「はじめて、自分で自分をほめたいと思います」と言って日本中を感動の渦に巻き込みました。

自分のファンになりきって“自分”を紹介

やるだけやった自分をテレないで堂々とほめる姿は、立派で美しいものです。

自己アピールが下手だと思っている人は、テレが強すぎて、自分をほめる気持ちを押しつぶしているように感じます。

あなたの最大の応援団長は、あなた自身。

自分のよさを、応援団長である自分がまっ先に認めましょう。

持って生まれたいいところや、これまでがんばって積み上げてきたものを、素直に認めてアピールすることは、少しも恥ずかしがることではありません。

自分が自分のファンになると、「テレくさい」気持ちが「伝えたい」気持ちに変わります。

ちょっとは気恥ずかしいかもしれないけど、自分のことを一生懸命伝えようとすれば、それをきちんと受け止めてくれる人が必ず現れますよ。

自分のファンになりきって、自分を紹介する練習をしてみよう。

Chapter:3

9

ポジティブな考えを選び取る練習

つい**クヨクヨと考え込んでしまうことは、だれにでもあること**です。

でも、それがあまりにも頻繁だと、「私はどうしてこんなにネガティブなの」と悩みはじめます。

そういう人は、**実際にネガティブな考えに終始しているわけではなく、本当は、ポジティブに考えたいと一生懸命**な人。一生懸命だからこそ、ネガティブな考えが忍び寄ると、不快で仕方がないんですね。

けれど、不快なことを気にすればするほど、逆にそっちのパワーが増して「ネガティブな考えで頭がいっぱい」になってしまうのです。

たとえば、それはこんな状態。

人から言われた言葉を思い返してムカムカし、「その場で言い返さなかったんだから仕方ない」(あきらめ)、「いや、今からでも言い返すべきだ」(未練)、「今さら言うほどのことでもないか」(落胆)というイヤな感情が渦巻いたとします。それがずっと心に引っかかって離れないネガティブな自分にうんざりする……。

でも、そんなときは「私はどうしてポジティブになれないの!」と自分を責めないでください。

だれもが、**ネガティブな感情とポジティブな感情の両方を心に抱えているからこそ、「どれを選び取るか」という意思がものを言う**のです。

いつでも〝ポジティブな考え〟を選び取れるように、意思を育てましょう。

それには普段から**「ポジティブな感情を意図的に選ぶ」練習**をするといいですよ。

簡単な方法があります。

ノートや日記のように、続けて書きためていける筆記用具を用意してください。

① 真っ白なページを開き、迷っていることや気になっていることを思い浮かべます。

② ページの左半分に、その物事に対するネガティブな感情を書き出します。

(例)「私は何をやっても人並み以下」「どうせ私は軽くあしらわれる」など。

③ ページの右半分に、その物事に対するポジティブな感情を書き出します。

(例)「精一杯やることに意味がある」「私の価値は私が決めること」など。

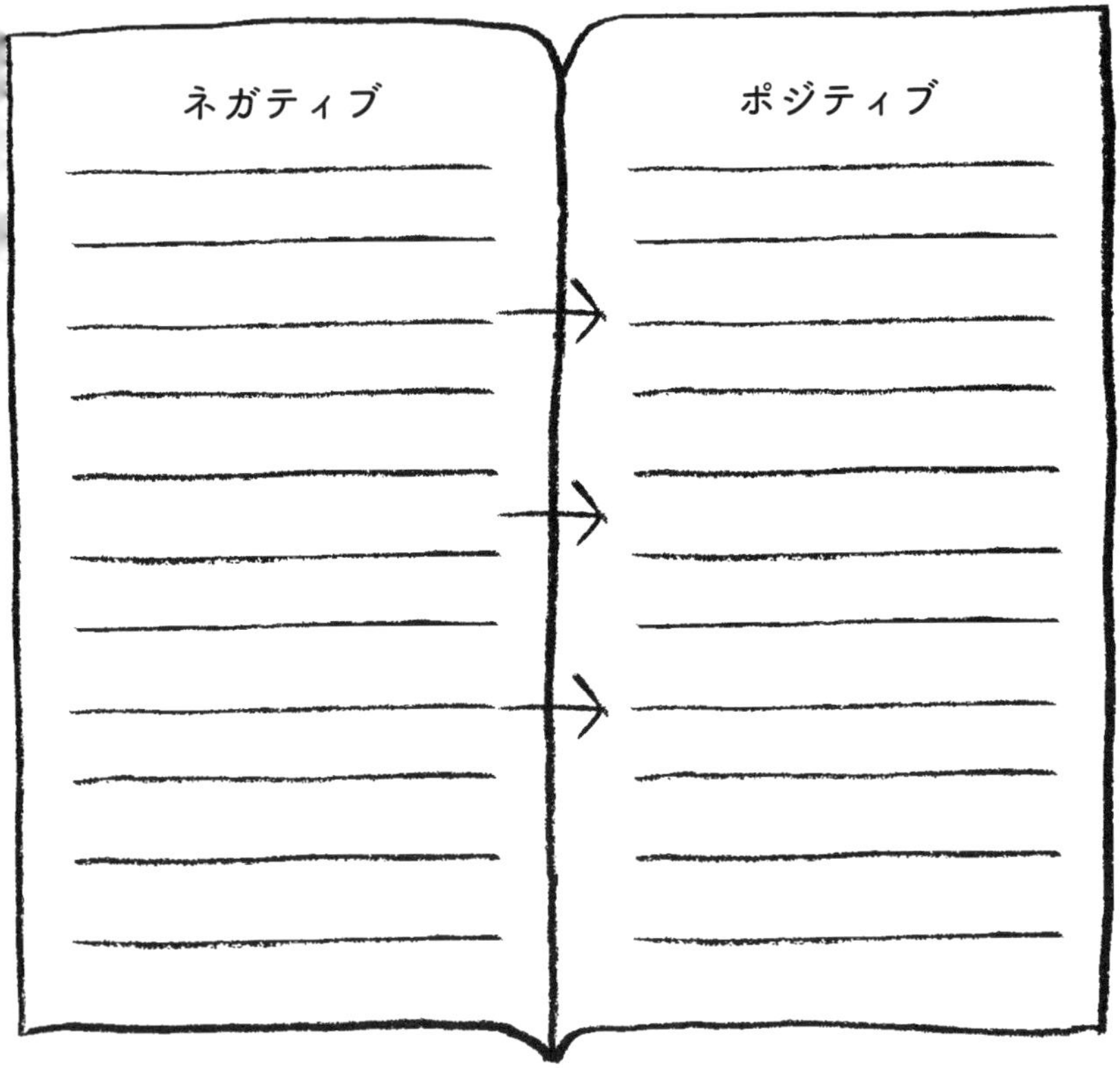
ネガティブ
ポジティブ

④ 右半分に書いたポジティブな気持ちだけを声を出して読み上げます。
これだけです。

毎日、同じことをくり返し書いてかまわないので、心に引っかかっていることがあるあいだは続けてみてください。

ポジティブな気持ちだけを読み上げることは、それを選択するのと同じ効果があるんですよ。読み上げるたびにそれが心に浸みていくので、**「私の気持ちは？」と自問したとき、なんの迷いもなくポジティブな考えを選び取れるようになる**のです。

また、ノートや日記がこの練習に適す点は、同じテーマが気になったときや、いい言葉が見当たらないとき、何度でも読み返すことができるから。

そこにつづられたあふれるようなポジティブな言葉は、いつ見ても、あなたの心に勇気をよみがえらせてくれるでしょう。

ポジティブな感情をもつかネガティブな感情をもつかは、あなたが選びとることができるんですよ。

Chapter:3

10

傷つくこと、傷つけることを恐れないで

そういうつもりはまったくなかったのに、うっかり相手を傷つけるようなことを言ってしまった……。

そんなことがあると、夜はたいてい〝ひとり反省会〟を開きます。そして、「ああ言えばよかった」と悔やみ、「悪く思われたのではないか」と悩み、「どうしてできなかったんだろう」と自分を責めまくる……。

私はひとり反省会の常連だったので、そのときの苦しさはよくわかります。けれど、その反動で、**人を傷つけるような不用意なことを言わないようにしようと気にしすぎると、本音を遠ざけ、当たり障りのないことしか言えなくなってしまうん**ですね。

これでは本末転倒です。

自分をわかってもらうために素直に心を開くことは、とても大切なことなのです。

反省自体はいいことでも、後悔しすぎることは絶対によくありません。

反省と後悔とでは、自分にかける言葉が違います。

最後に「この体験を次に生かそう」と励ますのが反省で、最後まで「どうしてあんなことをした」と攻撃するのが後悔です。

励まされるのと攻撃されるのとでは、立ち直る時間に雲泥の差が出てきます。

また、あなたがクヨクヨ悔やんでいるあいだも、相手は痛みをこらえているかもしれないのです。**後悔する時間が一分あったら、その一分をフォローする時間に**使いましょう。

少しでも早く「すまなかったこと」「悪気はなかったこと」「あのとき言いたかったこと」をメールか電話で伝えてください。

それで相手の気持ちがほぐれて、直に会えたらなおいいですね。

この先、**あなたがどんなに人の心を踏みにじりたくないと思っていても、知らないうちにだれかの心を傷つけてしまうことがある**でしょう。

なぜなら、だれかが勝てばだれかが負けて恨みを抱いたり、だれかが幸せだとだれ

あなたがコントロール
できるのは
あなたの気持ちだけ
サプライズで
喜ばせよう！

かがそれを妬んだり……。そんなことが世の中にはたくさんあるからです。

負けても、妬んでも、その人の心は傷つきますが、それはあなたには止められないこと。

また、**人にはそれぞれの感性と考え方があり、十人いれば十通りの解釈があるのも事実です。それもあなたにはコントロールできないこと**。

つまり、あなたがどんなに気をつけていても人の心を傷つけてしまうことは起こり得るから、それを苦にして、自分の心を傷つけないようにしてほしいのです。

もし、意に反してだれかを傷つけてしまったときには、誠心誠意、あやまるしかありません。

詫びる心、そっと相手の幸せを祈る心を育みましょう。

後悔するより、はるかに大切なことだから。

受け取り方は、相手のもの

・相手がどう感じるかはあなたにコントロールできない

・相手がどう感じても、あなたには責任はない

また、それとは逆に、**だれかが悪気なくあなたの心を傷つけることも、いつ起こるかわかりません。**

そのときは、その人を許してあげましょうね。

私たちはみんな、成長の途上です。お互いに傷つき合いながら、そんな経験のなかから、本当の気持ちをわかり合える関係を築いていくのです。

あなたがコントロールできるのは、あなたの感情だけ。あなた以外の感情に、あなたは責任を感じる必要はありません。

Chapter:3

11

嫌な感情があなたを自由にしてくれる

ふと心にわいた**イヤな感情と戦ってはいけません**。

イヤな感情は、あなたがただ「気づく」だけでいいんですよ。

どうにかしようと思わず、「こんな気持ちを感じてる私がいる」と気づけば十分。

何もジャッジしないことが一番大切なのです。

すると、心は自然に明るいほうを向きはじめるから。

もしもこの世に暗闇がなかったら、私たちは、光のもとで生かされていることにも、その価値にも気づくことができませんでした。

心のなかもこれと同じ仕組みなんですね。

もしもこの世に苦しみや悲しみがなかったら、私たちは、その対極にあるやすらぎや喜びを得られることが幸せだということにも、その価値にも気づけないのです。

人生にさみしさや不安があるのは、一体感や勇気を感じられることが幸せだと気づくため。怒りや絶望があるのは、許しや希望を感じられることが幸せだと気づくため。

イヤな感情はすべて、それを受け止めて幸せの価値に目覚めるために用意されたものなのです。

だから、必死に乗り越えて目の前がパーッと明るくなると、だれもが感動して生きがいを覚えるようになっているのです。

今、あなたがどんなことに悩んでいても、どんな感情が心を支配していても、それはそれでかまわないんですよ。

「**全部、味わうことに価値がある。それが普通なんだ**」と認めましょう。

そうすれば、心は自由を取り戻します。

その自由な心で、あふれる感情のなかから本当にかみしめたい気持ちを選び取ってください。そうやって、つらい出来事を乗り越えていきましょう。

最後にあなたに伝えたいことがあります。

あなたには「自分のことをわかってもらいたい」という願いがありますよね。

その願いを見事に叶えることができたら、それに越したことはありません。

けれど、その前に〝純粋な願い〟を持てることは、それだけで幸せなことなのだと

イヤな感情にふり回されるだけの関係から、

イヤな感情を味方に付けて対等に付き合おう

知ってほしいのです。

願いを持てる人は、叶う夢を見ながら、すでに前を向いて歩いている人だから。

あなたはそんな人生の真っ只中で、あと少しで夢を叶えようとしています。

あと少し……あと少し、自分のすべてを愛すること。それが必要です。

あなたは今、だれかを笑顔にしたいと思いますか？

「あの人を笑顔にしたい」という気持ちは、愛から生まれます。

家族や、好きな人を笑顔にしたいと望むなら、だれよりも先にあなた自身を笑顔にしましょう。

「最高に輝いた自分の笑顔を見てみたい！」

本気でそう思いませんか？

世界で一番いとしい自分をまるごと愛して、最高の笑顔にしてください。


あなたには、すべての感情があります。

どの感情を選びとるかは、あなたの自由ですよ。

宇佐美百合子

うさみ・ゆりこ

作家、カウンセラー。

1954年愛知県生まれ。CBCアナウンサーを経て海外で起業。

1986年読売新聞主催「ヒューマンドキュメンタリー大賞」に「二つの心」が入選。

帰国後、心理カウンセラーとして活動し、ネット・カウンセリングを開設。

心を解放して幸せに生きるためのメッセージを生み出す。

おもな著書に『元気を出して』『YA！あなたはあなたのままでいい』（PHP研究所)、『もう背伸びなんてすることないよ』『涙はきっと明日の喜びになるから』（幻冬舎)、『ありのままのあなたで』（かんき出版)、『お月見日和～落ち込んだ夜は月を見上げて～』（宝島社)、『がんばりすぎてしまう、あなたへ』『やさしくて、ちょっぴり不器用なあなたに。』『こだわらない　とらわれない　もう、悩まない。』（サンクチュアリ出版）などがある。

ホームページ　http://www.iii.ne.jp/usami

嫌な感情の愛し方

2014年11月1日　初版第1刷発行

著者　宇佐美百合子

イラスト　桑山慧人
デザイン　井上新八

発行者　鶴巻謙介
発行・発売　サンクチュアリ出版
〒151-0051
東京都渋谷区千駄ヶ谷2-38-1
TEL　03-5775-5192　　FAX　03-5775-5193
URL　http://www.sanctuarybooks.jp/
E-mail　info@sanctuarybooks.jp

印刷・製本　日経印刷